»Das Reisen dient in jüngeren
Jahren der Erziehung,
in reiferen der Erfahrung.«

Francis Bacon

Liebe Leser,

Karl ist der Größte. Historisch, politisch und auch für mich selbst. Das
Europa Karls des Großen ist die Keimzelle der Europäischen Union
und als Kulturraum meine geistige Heimat. Auch hat der große Kaiser
als historische Gestalt zumindest phasenweise die Phantasie meiner
Kinder derart beflügelt, dass ich nicht erst
einmal vor seiner Büste in der Domschatzkammer gestanden habe. Nicht nur
macht die Schatzkammer auf Kinder einen
starken Eindruck: Sie ist eine der grandio-
sesten Sammlungen sakraler Kunst des
Abendlands – und damit für jeden Besucher ein Muss! Der erhebende Moment, im
Dom vor dem Schrein Karls zu stehen,
wird dagegen wohl nur von Erwachsenen
gewürdigt werden.

Große Kunst in Aachen: MERIAN
traf Irene Ludwig – hier vor
einem Warhol-Porträt ihres Mannes

Dabei haben jüngste Funde bestätigt, dass
es hier schon Jahrhunderte vor Karl eine
römische Stadt gab und sich nicht nur
Legionäre in den heißen Quellen erquick-
ten. Dieser Tradition ist Aachen bis heute
treu und dazu in die Rolle als Wissenschaftsstandort gewachsen. Die
RWTH ist als Exzellenzuniversität ein Magnet für Forschung und
technologisch orientierte Unternehmen gleichermaßen. Die Zukunft
ist dort bereits Gegenwart geworden.

Kunst (eine der bedeutendsten Stätten der internationalen Moderne
ist das Ludwig Forum), Kultur und ein hinreißendes Umland machen
Aachen lebens- und erlebenswert. Überqueren Sie die Grenzen des
deutsch-belgisch-niederländischen Dreiländerecks. Sie werden es
kaum bemerken. Sie befinden sich in der Euregio Maas-Rhein. Ganz
im Sinne des großen Karl.

Herzlich Ihr

Andreas Hallaschka
MERIAN-Chefredakteur

58
AUSLADEND
Das »Super C« ist das beton- und glasgewordene
Zentrum der Exzellenz-Universität RWTH

48
BEHERRSCHEND
Karl der Große und kein Ende: auf
ewig mit Aachen verbunden

ANZIEHEND
Lange wird der zweite Stuhl nicht frei bleiben.
Die Aachener sitzen in ihrer Altstadt gern draußen

12

Henger Herrjotts Fott
Mundartliche Bezeichnung des Viertels hinter der Kreuzigungsgruppe

26 WEGWEISEND
»Hinter dem Hintern des Herrn«:
Hier trieb sich der junge
Jürgen von der Lippe herum

SKIZZEN AUS AACHEN

1949 **1977**

 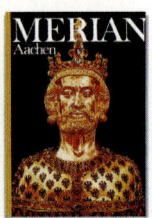

Die erste Aachen-Ausgabe (das 13. MERIAN-Heft überhaupt) widmete sich sehr ausführlich dem Dom, Karl und der Geschichte. Die Nachkriegszeit ist noch deutlich spürbar. Im zweiten Heft, überwiegend mit Farbfotos, wurde bereits mehr über die damalige Gegenwart berichtet

Ruhepool der
»Orientalischen Badewelt«
in den Carolus Thermen

PRINTEN UND ZEITEN

Der Lebkuchen mit Bilddruck, »Aachens Nationalgebäck« (s. S. 88), spiegelte durch die Jahrhunderte stets den jeweiligen Geist der Zeit. Heilige und Gekrönte, Menschen und Moden wurden in die Holzmodeln getrieben, und eben auch ein Fußballspieler zur WM 06 in Deutschland. Printen sind also aktuelle Druckwerke, deren Stoff nicht Papier, sondern der legendäre Aachener Süßteig ist.

WERBUNG
Einladung mit Stil

»Die denkwürdige waldumkränzte Stadt Karls des Großen. Berühmt durch die Heilkraft ihrer heißen Quellen«, warb 1927 der Verkehrsverein auf dem Plakat von **Jupp Wiertz** (1888-1939). Der Aachener Plakatkünstler pflegte einen aquarellbetonten Stil mit ausgeprägten Licht- und Schattenkompositionen. Seine Auftraggeber waren u.a. Bahn, Post, Luftfahrt und Fremdenverkehr.

BAD AACHEN
Gekachelte Kurkultur

Legionäre, Kaiser, Könige, Mönche und Bürger genossen und genießen seit 2000 Jahren das heilende, schwefelhaltige Wasser der Aachener Quellen. An die Zeit der mondänen Badestadt knüpfen die **Carolus Thermen** an, in denen man Körper und Sinne verwöhnen (lassen) kann.

KLAUS QUIRINI gilt als der erste moderierende Discjockey der Welt. Als 1959 im »Scotch Club« die Schallplatte die Live Band ersetzte, schnappte sich der

18-jährige Aachener das Mikro: »Wir krempeln jetzt die Hosenbeine hoch und lassen Wasser in den Saal«, denn »ein Schiff wird kommen mit Lale Andersen!«

www.aachen-emotion.com

aachenEmotion

Möchten Sie mehr über Aachen und seine Bewohner erfahren? Erkunden Sie auf www.aachen-emotion.com den Herzschlag der Stadt. Entdecken Sie Legenden und Legendäres, hören Sie, wie das Glockenspiel des Rathauses klingt, fiebern Sie mit beim Spiel der Alemannia, oder lesen Sie nach, warum sich internationale Wissenschaftler in die Stadt verliebt haben. Wir öffnen Ihnen die Tür zum Aachener Stadtleben – mit einem Klick sind Sie mitten drin.

stadt aachen

SKIZZEN AUS AACHEN

BAUKUNST
Schöner Warten

Auch ein simples Buswartehäuschen kann eine Herausforderung sein. Der prominente Architekt **Peter Eisenman** (Holocaust-Mahnmal in Berlin, 2005) meisterte sie schon 1998. An der Haltestelle Elisenbrunnen am Friedrich-Wilhelm-Platz suchen Busfahrgäste bei Regen Schutz unter seiner »Frittenzang« oder »Wartekralle«.

Karlspreisträgerin Merkel 2008 und der damalige OB Jürgen Linden

KARLSPREIS
Hals her!

Der renommierteste Preis für Verdienste um Europa wird jährlich am Himmelfahrtstag in der Stadt des ersten großen Europäers verliehen. Die Idee kam 1949 von Aachener Bürgern, die Mitgliedsliste der Gesellschaft für die Verleihung des Internationalen Karlspreises erinnert damals wie heute an ein »Who is who« der Kaiserstadt. Seit 1950 wurden 49 Persönlichkeiten ausgezeichnet, meistens Politiker, darunter auch Nicht-Europäer wie Bill Clinton. **Jürgen Linden,** Aachens langjähriger Oberbürgermeister, nahm die meisten Ehrungen vor: 21 Mal besorgte er die Zeremonie mit Band und Medaille. Als 2002 kein Mensch, sondern der Euro geehrt wurde, hielt EZB-Präsident Wim Duisenberg den Hals hin.

Die Rathausgarde »Öcher Duemjroefe«...

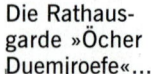

SPENDENSPEISE Ottos Idee

Ein Vier-Gänge-Menü für die Gäste und eine schöne Spendensumme zur Erhaltung des Rathauses – alle sind zufrieden nach dem jährlich am 23. Oktober stattfindenden **Krönungsmahl im Krönungsfestsaal des Rathauses**, einem der schönsten Säle Deutschlands. König Otto I. begründete 936 die Tradition dieses Festessens. Sie wurde freilich erst 2003 wiederbelebt.

...beschützt symbolisch Haus und Gäste während des Mahls

IN LEIPZIG KANN MAN GUT EINKAUFEN.
DAS HAT SICH AUCH UNTER INTERNATIONALEN
GALERISTEN HERUMGESPROCHEN.

Am besten Sie bringen viel Zeit mit: Nicht nur, weil hier Sammler aus der ganzen Welt Schlange stehen, um ein Bild der Neuen Leipziger Schule zu ergattern. Sondern auch deshalb, weil es in Dresden und Chemnitz so viele Alte und Neue Meister gibt, dass man es sonst kaum schafft, alle anzusehen.

Denn schließlich will man ja auch ein bisschen Zeit zum Shoppen haben – und zwar nicht nur in den Galerien. Weitere Informationen unter www.sachsen-tourismus.de oder auch bei der Tourismus Marketing Gesellschaft Sachsen mbH, Bautzner Straße 45 – 47, 01099 Dresden, Tel: 0351 / 49 17 00.

SACHSEN. LAND VON WELT.

SKIZZEN AUS AACHEN

AACHEN GRÜSST

Nicht so berühmt wie das »Victory«-Zeichen, aber einmalig ist der Klenkes, der Gruß, mit dem sich Aachener auf der ganzen Welt erkennen: Man hebt die Faust und spreizt den rechten kleinen Finger ab. Aachen war einst ein bedeutender Standort der Textilindustrie. Zum Aussortieren von Nadeln benutzten Arbeiterinnen und Kinder den kleinen Finger. Dieses typische Handzeichen hat Hubert Lönekes 1970 im Denkmal »Klenkes« am Holzgraben verewigt.

E-MAIL

Von: Bernd Müllender
An: redaktion@merian.de
Betreff: **Verhaixt in Aix**

Liebe Redaktion,

ich lebe gerne in Aachen, berichte seit Jahren von hier für Zeitschriften und Zeitungen. Aber eine Sache kann wirklich nerven – und das ist der Hang dieser Stadt zu Wortspielereien. Aachen hat neben dem schlichten niederländischen Namen Aken auch den französischen Aix-la-Chapelle. Den liebt der Öcher bis an die Grenzen des guten Geschmacks. Aix ist überall. Den Gebrauchtwagen gibt es bei Aix automobile, Software liefert Aixtrasoft, AixConcept saniert Computernetzwerke, Aix Libris ist ein Antiquariat, Aixakt eine Druckerei, Bilder gibt es bei Photostudio Aix-Klusiv, gegessen wird in der Brasserie Aix, und Fenster putzt die Firma Clean Aix. Lange fuhr man mit dem Airport-Aixpress zum Kölner Flughafen oder ging mit AixBalloon direkt in die Luft. Al-Aix heißt das Kindermaskottchen der Alemannia und »Aix war einmal« ein Öcher Märchenbuch. Und Aix-Act? Das ist nicht etwa ein nackter Aachener, sondern ein Hausmeisterservice. Sie sehen: Diese unverwaixelbare Stadt leidet an schwerer Aix-Manie. Es drohen aixzessive Folgen: Statt Sex hat der Aachener bald nur noch Saix, gern mit dem oder der Aix. Stadtführungen werden Aixperten-Aixpeditionen zu Kaiser Karl sein, Museen zeigen bei Aix Art in ihren Waixelausstellungen nur noch aixtravagante Aixponate des Aixpressionismus. Und ein Aixamen an der stolzen Aixzellenz-Uni steigert die Chancen auf einen guten Job aixtrem.

Manchmal aber möchte man flüchten – ins Aixil.

KARNEVAL
Die Jecken und der Ernst

Karneval wird hier gefeiert wie überall im Rheinland, und für Prinz, Büttenredner und alle anderen hagelt es Orden. Deren berühmtester ist der **Orden wider den tierischen Ernst**. Er wird seit 1950 für Menschlichkeit und Humor im Amt verliehen – Adenauer erhielt ihn ebenso wie Kardinal Lehmann, Fürstin Gloria von Thurn und Taxis, Westerwelle, Wiedeking und Mario Adorf. Übrigens ist der Orden auch ein Kulturpreis: Die Politik durch Humor zu vermenschlichen, halten die Aachener für eine kulturelle Tat.

AACHENER NACHRICHTEN
»Der Krieg ist aus!«

Das ist die berühmteste Schlagzeile der »Aachener Nachrichten«. Auch das Blatt selbst hat Geschichte geschrieben – als erste Tageszeitung im Nachkriegsdeutschland erschien es bereits am 24. Januar 1945, nur drei Monate nachdem die Amerikaner mit Aachen die erste deutsche Großstadt eingenommen hatten. Die Erstausgabe der AN ist wie andere Schätze im Internationalen Zeitungsmuseum wieder ab Herbst 2010 zu sehen. Dann wird die Sammlung als modernes Medienmuseum neu eröffnet. **Pontstraße 13, www.izm.de**

Fühle das Geheimnis

Aus »Urbs Aquensis«, einem ursprünglich lateinischen Hymnus auf Karl den Großen aus dem 12. Jahrhundert

Aachen, Kaiserstadt du hehre,/ Königshof voll Glanz und Ruhm!/ Festesfreude füllet wieder/Karls des

FOTOS **THOMAS SCHWEIGERT**

alter Städte Kron' und Ehre/

Sing dem Himmelskönig Lieder,/

Großen Heiligtum.

Das Rathaus wurde im
14. Jahrhundert auf den Grund-
mauern der Palastaula Karls
des Großen errichtet. 50 Statuen
deutscher Herrscher zieren
die Nordfassade zum Markt hin

Polyglott gemütlich: Deutsch,
Niederländisch, Flämisch
und Französisch mischen sich
in der Körbergasse
vor dem »Domkeller«

Hoch herrschaftlich: Vom Turm des Doms sieht man auf den von Bürgerhäusern gesäumten Münsterplatz und die breite Barockhaube der Ungarischen Kapelle

Wer **Höhenluft** will, muss den Aufstieg wagen. 170 Stufen bis zu den Glocken des Domes

Apsis der Chorhalle im Dom
(1414). Höhe: 33 Meter.
Hinter dem Karlsschrein
und der Strahlenkranz-
madonna zeigen die Buntglasfenster biblische Szenen

Apsis und Atrium streben zum Licht. Fast 600
Jahre trennen den sakralen vom weltlichen Raum

Atrium im Zentralbau des
Justizzentrums Aachen (2008).
Höhe: 21 Meter. Hinter den
vier Galerieumläufen kommt
das Recht zu seinem Recht

Nach dem Open-Air-Konzert. Die Aachener bleiben noch lange zusammen auf dem Markt am Karlsbrunnen. Die stattliche, über sechs Tonnen schwere Brunnenschale nennen sie »Eäzekömpche«, zu hochdeutsch »Erbsentöpfchen«

Der **Kaiser** ist für die Aachener immer noch
der Größte. Und die Stadt schaut gern zu ihm empor

Prachtbau für Wort und Bild:
Das Suermondt-Ludwig-Museum
zeigt Kunst von der Antike bis
zur Gegenwart. Die Bibliothek mit
rund 55 000 Bänden ist viermal
die Woche für jeden frei zugänglich

Der grenzenlose Himmel ist hier wie dort
bewölkt. Doch er lässt von der Ferne träumen

Mitten in Europa: Am Dreiländereck in Vaals, dem
höchsten Punkt der Niederlande, geht der Blick
hinüber nach Deutschland

Ein **Bruch** in der Stadtgeschichte. Am Kaiserbad
wich alte Badekultur Unterhaltung und Kommerz

Nah am Dom, doch nicht allen
Aachenern nah am Herzen:
Im Kaiserbad endete der Bade-
betrieb 1984. Über der
Quelle wurde 1994 der Kaiser-
bad-Neubau eroffnet, ein
Kulturtreffpunkt und Firmensitz

Gegen den Dom wirken alle anderen Kirchen der Stadt bescheiden, auch St. Foillan am Münsterplatz nah der Krämerstraße. Dicht drängt sich das Gotteshaus an die alten Handelshäuser, die Türen der »offenen Kirche« sind sieben Tage die Woche geöffnet

Ein neues Gefühl für Raum und Zeit: Bei Tee und Printen in den Kaffee- und Weinstuben van den Daele fühlt sich der Gast in die Blüte des »Aachen-Lütticher Barock« versetzt

Historisches **Pflaster** und alte Dielen.
Die Aachener nehmen beides mit in die neue Zeit

Aachen lebt und genießt gern an der Luft. Das Plätzchen heißt schlicht »Hof«, der Dom spendet an heißen Nachmittagen Schatten

Wir Dötzchen vom Bendplatz

Der Entertainer Jürgen von der Lippe kam als Kleinkind nach Aachen und blieb 22 Jahre. Seinen ersten Auftritt hatte er auf einem Schülerball. Er erinnert sich heute an ganz andere Geschichten

Vor kurzem saß ich auf Einladung der »Oecher Penn«, des ältesten Aachener Karnevalvereins, in der Weinstube des 750 Jahre alten Marschiertors, das Teil der äußeren Stadtmauer Aachens ist, und ließ mich vom Odem der Geschichte umwehen.

Die Weinstube, erfuhr ich, war früher das Verlies für bessergestellte Gefangene, die sich Hoffnung auf Haftentlassung machen konnten. Es gibt dort auch ein Verlies für einfache Gefangene, das aber keine Treppe hat, nur ein Loch in der Decke, durch das der Unglückswurm gestoßen wurde, um seine »Einweg«-Haft anzutreten.

Aachen ist Geschichte zum Anfassen, ein Ort der historischen Superlative. Nicht nur, dass die westlichste deutsche Stadt vermutlich als einzige über ein eigenes Erkennungszeichen verfügt, mit dem sich Aachener überall auf der Welt grüßen, den »Klenkes«, den aufgereckten kleinen Finger der rechten Hand, mit dem in der Blütezeit der Aachener Nadelindustrie die unbrauchbaren Nadeln aussortiert wurden. In Aachen sprudeln auch die heißesten Quellen weit und breit. Wahrscheinlich verehrten schon die Kelten in der Nähe des Büchels ihren Heilgott Grannus, bevor die Römer ein großes Militärbad für diejenigen Legionäre errichteten, die »Rücken« hatten.

Kaiser Karl machte Aachen zu seiner Residenz, der Aachener Dom wurde als erstes deutsches Bauwerk in die Welterbeliste der Unesco aufgenommen. Hier standen am 7. September

1804 Napoleon und seine Gattin Josephine, die seit Juli in Aachen kurte, vor dem Domschatz, der dank der Hilfe des Korsen gerade aus Paderborn zurückgeholt worden war. Der Aachener Bischof Berdolet begleitete das hohe Paar, und Napoleon sagte: »So, Fine, jetzt such dir mal 'ne Kleinigkeit aus, aus dem janzen Krempel, dat wird ja wohl drin sein für meine Bemühungen!« Der Bischof überreichte Josephine dann eilends einen als »Talisman Karls des Großen« bezeichneten Reliquienanhänger, der heute in Reims aufbewahrt wird.

Machen wir einen Sprung ins Jahr 1951 sowie in die Normannenstraße, ganz dicht am alten Aachener Tivoli. Immer wenn an Heimspieltagen aufbrandender Jubel von einem Tor der Aachener Alemannen oder »Kartoffelkäfer«, wie man die Schwarz-Gelben nannte, kündete, rief ein dreijähriges Kind, das erst vor kurzem mit seinen Eltern von Bad Salzuflen in die Kaiserstadt gezogen war: »Jetzt haben die Alemannen wieder ein Tor geschissen!« Man könnte trefflich darüber streiten, ob diese sprachliche Fehlleistung dem kindlichen Sprachplanungsapparat geschuldet ist, der das Partizip vom Wortstamm »schieß« ableitete, oder ob es sich um einen klassischen Freudschen Versprecher handelt, weil das Kind eine bevorstehende Entleerung spürte. Zumindest ist diese meine frühe Äußerung historisch verbürgt, und zwar durch meine Mutter, die, wie alle Mütter, später nur wenige Gelegenheiten ausließ, diese und andere Anekdoten unters Volk zu bringen. Den Satz Napoleons hingegen habe ich erfunden, er könnte aber so oder ähnlich gefallen sein. Beide Begebenheiten fanden in Aachen statt, weitere Gemeinsamkeiten zwischen dem Korsen und mir wird man vergeblich suchen.

In der Normannenstraße wohnten wir zur Untermiete bei der Familie Schmitz, die zwei Kinder hatte. Der Junge, Karl-Heinz, besaß mehrere kleine Spielzeugautos, die mein Interesse weckten. Allerdings faszinierten mich weniger ihre Fahreigenschaften als die Frage, wie schnell man sie kaputt kriegte. Das hat meinen Vater manche Mark gekostet, die er gar nicht

weit von unserem ersten Aachener Domizil schwer verdienen musste: als Barkeeper in der »Cortis-Bar«, dem beste Stripteaseladen Aachens, etwas außerhalb des Stadtkerns in der Krefelder Straße. Dort gaben sich weltliche und geistliche Würdenträger Aachens die Klinke in die Hand, ebenso

Vater verdiente sein Geld in der Cortis-Bar

die Schmugglerszene des Dreiländerecks und einmal im Jahr die internationale Reiterelite, wenn in der Soers der CHIO stattfand. Es zahlte längst nicht jeder Gast immer seine Rechnung, er ließ anschreiben, und mein Vater behielt ein Pfand ein, auf dem er dann nach Jahresfrist häufig sitzenblieb. Uhren, Silberbesteck, ich glaube, die Kuchengabeln, die ich noch heute nie benutze, stammen aus dieser Zeit.

Aus dem möblierten Zimmer in der Normannenstraße zogen wir in die Theaterstraße, nahezu in die Stadtmitte, erster Stock, zwei Zimmer, Küche, Toilette. Das waren die guten alten Zeiten des Sukzessiv-Badetags, erst Papa, dann Mama und in der lauwarmen Restlauge, die mit einem Flötenkessel voll kochenden Wassers aufgepimpt wurde, ich. Die ersten vier Schuljahre absolvierte ich in der Katholischen Volksschule Beeckstraße.

Schon zuvor, mit vier Jahren, hatte ich als Diphterie-Patient im Luisenhospital den anderen Kindern aus einem Märchenbuch vorgelesen. Dass da ein Bluff vorlag, merkten die nur daran, dass ich das Buch verkehrt herum hielt. In der zweiten Klasse begann ich Märchen zu schreiben. Sie sind leider verschollen, festigten aber in meinem Lehrer die Überzeugung, dass er einen kommenden Dichterfürsten unter seinen Fittichen hatte, weswegen er später bei meinen Eltern durchsetzte, dass ich auf das traditionsreiche, humanistische Kaiser-Karls-Gymnasium ging.

Meinen Lehrer vergötterte ich. Ich wollte Förster werden, und er nahm mich winters mit zur Rehfütterung. Er machte mich auch durch seinen leiden-

schaftlichen Religionsunterricht zu einem tiefgläubigen Kind. Dann übernahm der Propst von St. Adalbert und spätere Weihbischof Buchkremer das Fach, das später auf dem Gymnasium »Rillefix« hieß. Joseph Buchkremer war Anfang der dreißiger Jahre Stadtjugendseelsorger geworden. Als engagierter Regimegegner wurde er 1935 von den Nazis mit einem Unterrichtsverbot belegt und schließlich wegen »Wehrkraftzersetzng« im März 1942 ins Konzentrationslager Dachau gesteckt. Dort kam er erst zu Kriegsende frei. Das alles habe ich viel später erfahren, denn die Aufarbeitung der jüngsten Vergangenheit war zu meiner Schulzeit noch nicht unbedingt angesagt und wurde am Kaiser-Karls-Gymnasium mehr oder weniger exklusiv betrieben von Studienrat Paul »Emma« Emonds, Deutsch und Geschichte, der uns auch z. B. auf Vertriebenentreffen mitschleppte und den Redner des Abends dann engagiert zur Brust nahm. Leider haben wir das damals nicht zu würdigen gewusst.

Religiosität im Rheinland und speziell in Aachen ist etwas Besonderes. Mein Vater zählte etliche Geistliche zu seinen Stammgästen, der hochbetagte Pastor meiner späteren Pfarre soll laut Aussage meiner Mutter in der Antoniusstraße, oder »Antüen«, wie der Öcher seine Puffstraße zärtlich nennt, häufiger ein- und ausgegangen sein, gewiss um anderen hochbetagten Gästen die Sterbesakramente zu spenden, wenn der Kreislauf zusammenbrach.

In diesem Zusammenhang muss ich auf die Heiligtumsfahrt zu sprechen kommen, die auf Karl den Großen zurückgehen soll, seit 1349 alle sieben Jahre stattfindet und zu der 1937 fast 800 000 Pilger kamen; auch auf diese »Wallfahrt des stummen Protests« gegen den Nationalsozialismus als gottlose Ideologie kann Aachen stolz sein. Die nächste Heiligtumsfahrt wird 2014 stattfinden, wohl 100 000 Menschen werden wieder in die Stadt strömen, und die Antoniusstraße wird wieder Verstärkung aus Köln, Düsseldorf und Mönchengladbach anfordern. Woher ich das weiß? In der zweiten Klasse des Gymnasiums wurden wir zu einer Ver-

kehrzählung abkommandiert. Wir standen an der Krefelder Straße und machten Striche, wenn ein Auto vorbeikam. Und das Erste, was die Aufsicht führenden Polizeibeamten uns zehn- und elfjährigen Dötzchen erzählten, war diese hoch interessante Geschichte.

Sinnenfreude und rheinische Frömmigkeit sind in Aachen immer eine glückhafte Verbindung eingegangen. Am Rosenmontag zieht ein mehrere Kilometer langer Zug mit über 100 Festwagen und Fußgruppen durch die Innenstadt, u. a. durch die Theaterstraße, wo wir ja im ersten Stock wohnten, unsere Fenster also Logenplätze waren. Die wollte sich auch der Chef meines Vaters nicht entgehen lassen. Da er aber im Krieg beide Beine verloren hatte, schleppte ihn mein Vater auf dem Rücken nach oben, was ihm einen Hexenschuss einbrachte, der sich immer mal wieder meldete.

Für mich als Adoleszenten bot Karneval die Möglichkeit, eine andere Identität anzunehmen, in meinem Fall die des schwarz gekleideten Revolver- und Peitschenhelden Lash LaRue, auch Lassy La Roc genannt, einer der vielen Partner von Fuzzy Q. Jones, im Grunde der ersten Western Sitcom. Und dieser harte Bursche, der ich drei Tage lang war, konnte natürlich fremde Frauen knutschen. Es war Aachener Roulette, wenn man so will.

Ein Rudel Kinder fand sich, bildete einen Kreis, zwei oder drei Pärchen tanzten im Kreis, untergehakt in der Gegenrichtung, und der Kreis sang ein längeres Lied auf Öcher Platt, das folgendermaßen kulminierte: »Des Nachts um elfe, bau ooch um zwölfe, da kommt der letzte rote Ommelebus. Dann kommt der Meister mit seinem Kleister und jibt der Juja einen Kuss auf die Nuss!« Bei »Kuss« küsste man das fremde Mädchen, reihte sich wieder ein, wenn man zweimal dabei gewesen war und wartete im Kreis darauf, wieder gewählt zu werden, oder man holte sich eine neue Partnerin in den Kreis und tanzte einem weiteren Kuss entgegen.

Man kann mit Fug und Recht sagen, dass ich diesen drei tollen Tagen immer ein ganzes Jahr entgegenfieberte. An

Karneval gab es auch eine vergleichsweise kleine Kirmes, nicht zu vergleichen mit dem »Öcher Bend« auf dem Bendplatz an der Kühlwetterstraße. Den gibt es zweimal im Jahr, das Ereignis im Herbst ist das größere. In meiner zweiten Studentenbude, Adalbertsteinweg, Ecke Elsassstraße, teilte ich das Außenklo mit Frau Vonderbank, alter Aachener Schausteller-Adel. Die Kinder hatten alle große Fahrge-

Kirmes war hinterm Hintern des Herrn

schäfte, die Mutter betrieb immer noch ein Kinderkarussell. Unser Deal: Sie putzte für mich Treppe und Klo, wenn meine Woche war, ich machte ihr die Steuer und erfuhr den neuesten Klatsch aus der Kirmesszene. Auf dem Bendplatz wurde auch einmal ein präparierter Wal gezeigt, eine Sensation, die uns einen unterrichtsfreien Vormittag bescherte.

Zurück zum Karneval und der kleinen Kirmes in der Wirichsbongardstraße, wo jetzt ein Parkhaus steht. So klein sie war, eine Raupenbahn gab es, mit Verdeck, das Taschengeld reichte für viermal Fahren, sprich viermal Knutschen. Und man wusste: Am Aschermittwoch ist alles vorbei, denn eine Freundin gestatteten mir meine Eltern nicht, und für eine heimliche Beziehung fehlte mir die Nervenkraft.

Der kleine Kirmesplatz lag auf meinem Schulweg und hieß seit 1792, als dort ein Holzkruzifix errichtet wurde, im Volksmund Henger Herrjotts Fott, also »hinter dem Hintern des Herrn«. 1897 wurde es durch eine steinerne Kreuzigungsgruppe ersetzt, die die Nazis entfernen ließen, 1986 gründete sich die Bürgerinitiative Henger Herrjotts Fott e.V., brachte durch Spenden 80 000 DM zusammen, und 1987 stand an alter Stelle ein neues, von Bonifatius Stirnberg geschaffenes Bronzekruzifix. Seitdem gibt es dort auch ein Straßenschild und jedes Jahr das gleichnamige Stadtfest.

Diesen wunderbar rauhen, aber herzlichen sprachlichen Umgang mit heiligen Dingen findet man möglicher-

weise nirgendwo sonst. So nennt der Aachener die Kirche St. Fronleichnam im Ostviertel »St. Makai«. *Makai* bedeutet Quark, vielleicht hat die Quaderform der weißen Kirche dazu inspiriert. Damit sind wir beim Öcher Platt, der Aachener Mundart, deren Singsang spätestens seit Ulla Schmidt bundesweit ein Begriff ist. Die spätere Gesundheitsministerin jobbte als Studentin in der »Barbarina«, einer Nachtbar, die ihre Schwester führte (heute »Club Voltaire«). Mein Vater behauptete, sie aus dieser Zeit zu kennen. Der Außenstehende empfindet die Mundart gern als ungehobelt, gehört es doch zu ihren Eigenarten, das Gegenüber mit einem mundartlichen Synonym fürs männliche Genital zu begrüßen, häufig in Verbindung mit dem Adjektiv »au«, also »alt«. Das Öcher Platt wird in Theatergruppen gepflegt und im »Öcher Schängche«, neben dem Kölner Hänneschen-Theater die einzige große Stockpuppenbühne des Rheinlands.

Aachen, Stadt auch der kulinarischen Superlative: erste deutsche Stadt mit original belgischen Fritten, mit dem besten Sauerbraten der Welt, auch weil die Sauce mit Aachener Printen gebunden wird, einer weiteren Spezialität. Zu meiner Studienzeit verkaufte ein Händler aus Holland in einer Garage in Burtscheid asiatische Gewürze an die vielen indonesischen Studenten, von denen etliche bei mir Deutsch lernten im Institut „Deutsch als Fremdsprache". Und die nahmen mich mit zum Einkaufen und dann auch zum Kochen.

Je länger ich schreibe, desto mehr gerate ich ins Schwärmen. Ich wohne seit langem nicht mehr in Aachen, aber bei jedem Besuch geht mir das Herz weiter auf. Und was den Fußball angeht: An einem Frühsommertag 1965 lag die Alemannia in meinem Beisein 0:3 zurück, gegen Tennis Borussia Berlin. Das Publikum, finster entschlossen, sich den Tag nicht versauen zu lassen, schwenkte zum Gegner über, aber dann drehten die Aachener das Spiel um und siegten mit 5:4. Und alle Öcher Fans gingen mit dem schönen Gefühl nach Hause, nicht einen Moment an ihrer Mannschaft gezweifelt zu haben. Und das Gefühl kommt auch wieder. Ganz sicher.

Eine Visitenkarte des
Frankenberger Viertels:
das Fassadendetail
des 110-jährigen Hauses
Bismarckstraße 106

Zu Hause im
Viertel

Großbürgerlicher Stil und schnörkellose Lebensart sind kompatibel
im Frankenberger Viertel. 5000 Aachener fühlen sich hier sehr
wohl und sagen der Stadt auch schon mal gern, wie es weiter
vorangehen kann TEXT **SILKE NIEWENHUIS** FOTOS **THOMAS SCHWEIGERT**

Beharren auf Gitarren, Adresse für Bässe. Jochen Imhof (links) baut seine eigenen »Sign Guitars«, Christof Kost dagegen Bässe in der gemeinsamen Werkstatt an der Viktoriastraße

Kleine
Fluchten
vor die Tür

Pause im Grünen unterhalb
der Frankenburg. Der Burgherr
verkaufte einst Grund und
Boden an Bauinvestoren. Die
kleine Parkfläche blieb

1 Hans-Dieter Jurewicz, Quasi-Quartiersmanager und Tabakwarenhändler, macht manchmal Dampf im Viertel
2 Der Mittelstreifen der Oppenhoffallee sieht wieder aus wie zu den Zeiten, als sie noch Kaiserallee hieß
3 Ein mythischer Großkopf wacht über einem Portal und **4** bei Delzepich-Eis strahlt alles Coolness aus

Bunte Mischung aufgefrischt

Jeder Stil war recht um die vorletzte Jahrhundertwende – Hauptsache historisierend und repräsentativ. Wer über die Bismarckstraße hinwegschaut, lernt die Bauten des Viertels wertzuschätzen

»Ich könnte das Doppelte verdienen, wenn ich nach Frankfurt ziehen würde. Aber ich will nicht weg aus dem Viertel.« Namentlich möchte er nicht genannt werden, sein Chef muss nicht wissen, warum er seinem hiesigen Arbeitsplatz treu bleibt. Nennen wir ihn Wolfgang. Er sitzt an einem Kneipentresen im Frankenberger Viertel. Um ihn herum die üblichen Verdächtigen, die fast zum Mobiliar gehören. Auf Wolfgangs Bemerkung reagiert keiner. Alle wissen, dass es unvernünftig ist, heutzutage einen guten Job auszuschlagen. Aber alle wissen auch, dass es bitter wäre, dafür aus dem Viertel wegziehen zu müssen.

Sie sitzen auf wackeligen Barhockern. Die Kellnerin stellt die nächste Runde Kölsch vor dem Grüppchen auf. Das Bestellen erübrigt sich. Die Gäste läuten den Feierabend ein und trinken, bis sie zahlen. Mancher begnügt sich mit einem Glas und fährt dann heim in die nächste Kleinstadt. Auch wer nicht im Viertel lebt, kann hier heimisch sein. Die vielen Kneipen im Frankenberger Viertel sind gemütlich, haben alle eher rustikalen Charme. »Schickimicki« funktioniert hier irgendwie nicht. Es gibt noch ein paar alte Pinten, in denen sich Rentner über Fußball streiten, ebenso eine Studentenkneipe, in der man bis um vier Uhr morgens Toasts bekommen kann.

Gaststätten, Läden, Wohnungen und Kleinbetriebe existieren Tür an Tür in diesem Dorf in der Stadt mit seiner eigenen Infrastruktur. Mal schnell zum Bäcker, Metzger oder zur Post, ein Buch kaufen, guten Wein probieren – das alles lässt sich direkt um die Ecke erledigen. Die Eisdiele am Ende der Bismarckstraße hat Kultstatus. Ateliers in stillgelegten Fabrikhallen oder alten Tante-Emma-Läden bieten Kunst, Kultur und Design. Wer sich in diesem Quartier früh genug niedergelassen hat, kann die Miete noch zahlen und zeigt seine Kunst in den Fenstern, hinter denen sie auch entsteht.

Das Herz des Frankenberger Viertels ist der Neumarkt. Das merkt man spätestens, wenn im Frühjahr die ersten Sonnenstrahlen locken und Heerscharen von Eltern mit Kindern hierher kommen, wenn Spieler den in Eigeninitiative angelegten Boule-Platz bevölkern und Besucher der umliegenden Freiluftkneipen die Gehwege. Samstags tauscht man zwischen den Marktständen Neuigkeiten und Nöte aus. Ins Schmuckatelier von Jörg Biedermann kommen die wenigsten nur zum Kaufen. Er bietet ihnen Tee und kleine Schokoladentäfelchen an, sie halten den Goldschmied kurz von der Arbeit ab und ziehen dann weiter. Der Viertelfunk funktioniert auch mittels kleiner Zettel, die in einem Schaukasten auf dem Neumarkt hängen. Seit über fünfzig Jahren steht dort ein kleines Büdchen. Früher wurden hier Zeitschriften verkauft, dann stand es lange Zeit leer. 1995 hat ein Klub wackerer Viertelbewohner das »rote Ding« gemietet und hergerichtet. Jetzt kann man dort vor allem eins: aufs Klo! Den Schlüssel für das »Studio 00« hat der nächste Wirt.

Das Frankenberger Viertel liegt etwas am Rande der mittelgroßen Stadt, aber zum Zentrum kommt man gut zu Fuß. Noble Stadtvillen aus der späten Gründerzeit schmiegen sich wie die Perlen einer Kette aneinander. An der Oppenhoffallee, die seit 2008 wieder ein schmucker Grünstreifen in der Mitte zwischen den alten Bäumen ziert, stehen die wohl opulentesten Bauten mit schnörkeligen Putzfassaden, Erkern und Türmchen. Haus Nr. 74 zum Beispiel wirkt wie ein kleines Schloss – eingepfercht zwischen den ebenfalls feudal aufgemachten Nebenbauten der geschlossenen Straßenfront. Die Menschen hocken in diesem Viertel recht dicht aufeinander. Aus den Altbauten, die vor mehr als 100 Jahren für einzelne Familien gebaut wurden, sind längst in Wohneinheiten aufgeteilte Mehrfamilienhäuser geworden. Heute sind 100 Quadratmeter original Dielenboden schick.

Es zieht die Menschen mit Kind und Kegel in dieses Quartier, das noch in den siebziger Jahren an Überalterung der Bewohner und Verfall der Bausubstanz litt. Nach und nach sind die Alten verschwunden, Jüngere haben sich die heruntergekommenen Immobilien aufpoliert. Sieben bis acht Euro Kaltmiete pro Quadratmeter sind nicht selten für einen topsanierten Altbau. Investoren haben eine Menge Geld in die

1 Die neoromanische Herz-Jesu-Kirche an der Viktoriaallee, auch »Frankenberger Dom« genannt **2** Der Künstler Erik Offermann ist hier schon lange zu Hause **3** Kunstsonntag im Weinkeller Caves d'Aix, Oppenhoffallee 133. Das Duo übt noch, Uli Aschenborn malt **4** Ein Treppenhaus wie ein Palastaufgang in einer Villa an der Oppenhoffallee

Hand genommen. Immer noch gibt es kleine Studentenbuden in Hinterhöfen. »Aber es ist der gehobene Mittelstand, der sich dort breitgemacht hat«, sagt Gerrit Köster, der einen Sozialentwicklungsplan für Aachen erarbeitete und die Klientel kennt.

Im Frankenberger Viertel wohnen etwa 5000 Menschen auf 380 000 Quadratmetern. Für die Stadtverwaltung ist es kein separat existierender und genau umrissener Stadtteil. Es gibt zwar ein Schild mit dem Namen des »Veddels«, aber das hängt im einstigen Kiosk auf dem Neumarkt. Es öffentlich anzubringen, wurde bisher nur an Kneipentheken diskutiert.

Im Jahre 1872, zur Blütezeit der Aachener Industrie, gab es sehr wohl ein genau umrissenes Gelände, das die Frankenberger Aktiengesellschaft vom Besitzer der Burg Frankenberg erwarb, um darauf Wohnhäuser für wohlhabende Bürger zu errichten. Die Aktionäre witterten ein lukratives Spekulationsobjekt in dem unbebauten Areal rund um die alte Burg. Für etwa 27 Mark pro Quadratmeter wurde das Bauland verkauft. Es war nicht billig, sich hier niederzulassen.

Die günstigsten Häuser im Frankenberger Viertel kosteten 1895 zwischen 10 000 und 20 000 Mark. Ein technischer Beamter der Stadt verdiente aber gerade mal 1800 Mark im Jahr. Nicht jeder konnte es sich leisten, hier zu bauen. Fabrikanten, Offiziere und Kommerzienräte errichteten ihre Wohnhäuser im Stil französischer Stadtpalais. Historisierende Formen an den Fassaden galten damals als letzter Schrei. Darum finden sich dort Zitate aus Klassizismus, Renaissance, Barock und Gotik sowie Jugendstilelemente in bunter Mischung wieder.

Schon damals empfand etwa der Kunsthistoriker Karl Woermann den Stilmix als »ein Tiefstes an Stillosigkeit«. Es dauerte bis in die 1970er, dass Willy Weyres, Professor für Baugeschichte in Aachen, sich für die Erhaltung der Frankenberger Fassadenensembles einsetzte. Etliche seiner Kollegen fanden das Durcheinander zwar ungewöhnlich, aber immer noch unschön. Für solche Kritik muss heute niemand Widerspruch aus dem Viertel befürchten. Sobald irgend etwas im Frankenberger Viertel als außergewöhnlich bezeichnet wird, sind alle

zufrieden. Eins nämlich wollen sie nicht sein: gewöhnlich. 2001 wurden die Frankenberger von der *Aachener Zeitung* mit dem »Mullefluppet-Preis« für Humor, Schlitzohrigkeit, Hilfsbereitschaft und Liebe zu ihrer Heimatstadt ausgezeichnet.

Die Frankenberger haben die Angewohnheit, sich sehr rege auszutauschen. Hans-Dieter Jurewicz, Betreiber eines Pfeifenstudios gegenüber dem Neumarkt und Retter des Büdchens, ist Sprecher des Frankenberger Stammtisches, eines jener Klübchen, die gern neue Ideen für das Viertel aushecken. Jemand hat einen Einfall, findet Gleichgesinnte und dann legen sie los. So wurden die Frühlings- und Sommerfeste begründet, so kam es zu Patenschaften für Blumenbeete in der Oppenhoff- und Viktoriaallee. Solche Ideen drängen die »Frankenbürger« den Stadtplanern auf.

Wenn im Viertel »bauliche Maßnahmen« geplant sind, ist sofort eine Interessengemeinschaft zur Stelle, die sich aber nie so nennt – eher Bürgerstammtisch und redet mit. Kaum einer maulscht bei den Belangen der Franken-

berger so viel mit wie »der Dieter, der Bürgermeister vom Neumarkt«. Er organisiert auch die Open-Air-Karnevalssitzung. »Das ist Pflicht«, sagen sie und meinen Kult. Es ist dem Engagement vieler Quartiersbewohner zu verdanken, dass die Lebensqualität im Viertel steil angestiegen ist, was mittlerweile allerdings ebenso für die Mieten gilt. Hinter den zahlreichen Interessengemeinschaften stecken auch die Anliegen vieler Geschäftsleute, die hier ansässig sind und für Einkaufsflair und Kneipenkult sorgen.

Kehren wir zurück zu dem ganz privaten Klübchen von Kneipengängern: Hubert hat das dritte Kölsch vor sich stehen und den Auftrag, für Ulla und Bernhard eine Kommode zu bauen. Der Künstler Erik Offermann hat Holger ein Gemälde verkauft. Der Trainer von Alemannia Aachen hat sich zu ihnen gesellt. Er hat mal im Viertel gewohnt, kommt aber immer wieder her. Er muss nicht über Fußball reden, keiner nervt ihn. Nur Wolfgang ist heute Abend mit seinen Gedanken woanders und geht früher nach Hause. Er muss noch einen Job in einer anderen Stadt absagen. ∎

MERIAN | GASTSTÄTTEN

❶ **Backes** Bar, Bistro, italienische Speisen Oppenhoffallee 46/Haßlerstraße

❷ **Brasserie Aix** Rustikale Kneipe mit tollen Spezialitäten Bismarckstraße 79

❸ **Cocon** Bodenständige Kost im knallroten Großraumsalon Lothringer Str. 79

❹ **Da Gino** Pizza & Pasta. Klitzeklein und sehr persönlich. Zollernstraße 46

❺ **Dumont** Für Nachtschwärmer mit Biergarten und Live-Konzerten in kleinem Rahmen Zollernstraße 41

❻ **Exil** Gute Bar und Gaststätte mit günstiger Küche Zollernstraße/Schlossstraße

❼ **Insulaner** Alte Location mit Charme in neuerem Ambiente Bismarckstr. 113

❽ **Red** Ruhiges, kleines Lokal mit ausgewählter Karte Schlossstraße 16

❾ **Zacharias Grill** Imbiss mit echtem Oecher Sauerbraten Bismarckstr. 115

Allgemeine Infos:
www.frankenberger-viertel.de

»Printen habe ich leider nie gemocht«

Nach 20 Jahren in Hamburg nennt Bestsellerautorin ILDIKÓ VON KÜRTHY Aachen immer noch »meine Heimat«. MERIAN bat sie zum alphabetischen Heimatkunde-Test

Alt Aachener Kaffeestuben »Warmer Strudel mit Vanillesauce in den Schul-Freistunden – oder in den Stunden, die von mir für frei erklärt wurden.«

Au huur! (Öcher Platt) »Klingt viel derber, als es ist und wird gern mit „Alte Hure" übersetzt. Das ist falsch! Es wird ungefähr so wie ›Ach Mensch!‹ verwendet.«

Der Lauf des Geldes »Ein ziemlich hässlicher Brunnen mit sechs extra hässlichen Gestalten. Nur das kleine Mädchen, das am Rand sitzt und die Füße in den Brunnen hält, ist niedlich. Bis heute streiche ich ihr, immer wenn ich am Brunnen vorbeigehe, mit dem Daumen über ihre Stupsnase. Und ich bin oft hier vorbeigekommen – deswegen hat das Kind eine ganz blanke Nase. Sehen Sie ruhig nach!«

Domhof »An milden Sommerabenden auf wackeligen Klappstühlen vor dem Domkeller sitzen. Herrlich heimelige Kaiserstadt-Atmosphäre, heißt: schlecht gekleidete Maschinenbaustudenten vor historischer Kulisse. Mädchen, bloß keine Stöckelschuhe anziehen. Hier liegt überall Kopfsteinpflaster!«

Dreiländereck »Holland und Belgien sind ja bekanntlich Vororte von Aachen, so empfindet das jedenfalls der Einheimische.«

Elisenbad »Igitt, wie das stinkt. Als Grundschüler wird wohl jedes Aachener Kind gezwungen, einen Schluck von dem hier sprudelnden Heilwasser zu trinken, das wir alle nur ›Faule-Eier-Wasser‹ nennen. Ein Trauma fürs Leben!«

Kaiser-Karl-Gymnasium »Hier bin ich zur Schule gegangen, habe Latein, Mathe und das Rauchen auf den Toiletten gelernt.«

Klenkes (Aachener Gruß mit dem kleinen Finger) »Eigentlich begrüßen sich Aachener, wenn sie sich als solche erkennen, in der Fremde mit dem Klenkes. Das hatte ich einer Hamburger Freundin von mir erzählt. Sie probierte es begeistert aus, als sie an einer Autobahnraststätte in Portugal einen Wagen aus Aachen samt Insassen sah. Es gab leider fürchterlichen Ärger, weil diese blöden Aachener offenbar nichts von dem uralten Brauch wussten und sich durch meine Freundin übel beleidigt fühlten. Sie dachten, sie hätte ihnen den Stinkefinger gezeigt.«

Malteserkeller »Herrliches Gedränge und Geknutsche an Karneval!«

Printen »Habe ich leider nie gemocht!«

RWTH – die Rheinisch-Westfälische Technische Hochschule »Dort war mein Vater Professor und hat Pädagogik unterrichtet. Ich bin im Institut für Erziehungswissenschaften praktisch groß geworden und als Kleinkind ab und zu nichts ahnend in eine mündliche Abschlussprüfung geplatzt. Mein Vater war blind und insofern an der Uni eine kleine Attraktion. Sein Führhund – wir hatten über die Jahre vier verschiedene Hunde – lag immer am Rand des Hörsaals und leckte sich – im besten Fall – die Pfoten, während mein Vater seine Vorlesung hielt.«

Urbs aquensis (Aachen-Hymne) »...urbs regalis, regni sedes principalis prima regnum curia ... Das kann ich tatsächlich immer noch auswendig. Und zwar alle Strophen!!!« ∎

Aachen im Herzen: Ildikó von Kürthy ist in Laurensberg aufgewachsen. Ihre Romane (u.a. »Mondscheintarif«) waren allesamt Bestseller

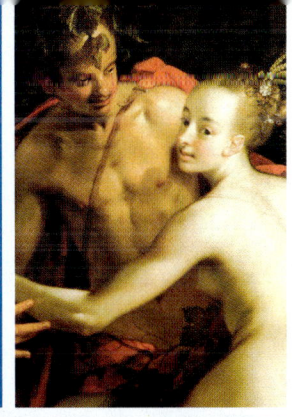

AACHEN MACHT KULTUR

[www.aachen-macht-kultur.de]

Hans von Aachen, Bacchus, Ceres und Amor, Wien,
Kunsthistorisches Museum © KHM Wien,
Hans von Aachen (1552 – 1615) Hofkünstler in Europa
Ausstellung im Suermondt-Ludwig-Museum 2010

Karlsbrunnen und Rathaus, Foto: Andreas Herrmann (A. H.)

Angie Hiesl Produktion, x-mal Mensch Stuhl,
across the borders Kulturfestival 2008, Foto: Bernd Schröder

Hubbart Street 2 (USA), schrit_tmacher Festival 2008,
Foto: A. H.

Altes Kurhaus Aachen, Ballsaal, Foto: Paul Linssen

Duane Hanson, Supermarket Lady,
© VG Bild-Kunst, Bonn 2010, Foto: Anne Gold

Route Charlemagne, Rathaus, Krönungssaal, Foto: A. H.

Im Ludwig Forum für Internationale Kunst, Foto: A. H.

Andy Warhol, Portrait Peter Ludwig, 1980, Sammlung
Ludwig, Ludwig Forum für Internationale Kunst, Foto: A. H.

Rhythmus Afrika, Kooperationsprojekt zwischen
dem Kulturbetrieb der Stadt Aachen und Euriade e.V.

Magdalena: © momosu/PIXELIO

stadt aachen
KULTURBETRIEB

Kaisers Kirche

Teil der Pfalz, Grablege Karls des Großen, Krönungsstätte deutscher Könige – die Einheit von Kirche und Reich manifestierte sich so deutlich nur in Aachen

FOTOS **KLAUS BOSSEMEYER**

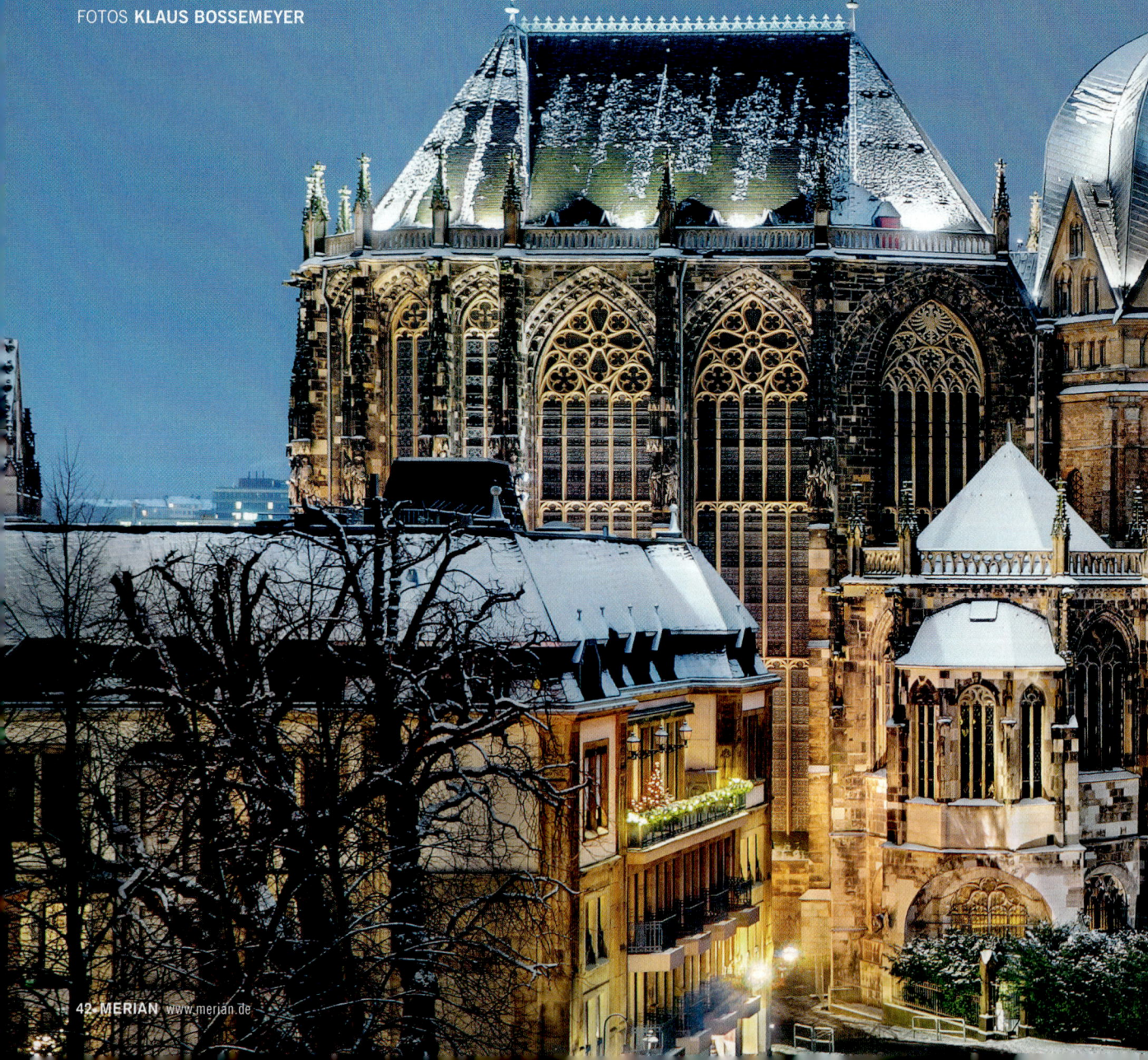

Der Dom ist ein Konglomerat von Baustilen vieler Jahrhunderte. Das zentrale karolingische Oktogon wurde um 800 fertig, die gotische Chorhalle links 1414 geweiht, Karls- und Hubertuskapelle sowie die Nikolaus-kapelle im Vordergrund entstanden zwischen 1455 und 1487, der Turmaufbau rechts 1884

Die Pfalzkapelle

Festgottesdienst mit dem Bischof von Aachen. Messen werden hier mehrmals täglich gefeiert. In dem karolingischen Zentralbau mit der achteckigen Grundform und den Säulenarkaden bestiegen über 30 deutsche Könige den Thron. Säulen und Marmor hatte Karl der Große aus Ravenna und Rom herschaffen lassen. Der kupferne, vergoldete Radleuchter mit 48 Kerzen wurde von Friedrich Barbarossa in Auftrag gegeben

Festsaal geistiger und weltlicher Macht

Der Karlsschrein

»Glashaus von Aachen« wird die Chorhalle des Doms genannt. Die Fenster nehmen mehr als tausend Quadratmeter Fläche ein. Im Chorpolygon steht der Karlsschrein, in den Friedrich II. 1215 die Gebeine Karls des Großen betten ließ. Der gut zwei Meter lange Eichenholzkasten ist mit Kupfer und vergoldetem Silber und Edelsteinen gedeckt. Die Zentralfigur der Stirnseite zeigt Karl den Großen, flankiert von Papst Leo III. und Erzbischof Turpin von Reims. Darüber hebt Christus segnend die Hand

Halle der Lichtteppiche

Geschichte in Gold

Mehr als 100 kostbare Kunstwerke, die zu den bedeutendsten Kirchenschätzen Europas zählen, lassen die Besucher der Domschatzkammer staunen

Glanz hinter Glas

1 Das Dreiturmreliquiar (Ende 14. Jh.) in Form einer gotischen Miniaturkapelle birgt Partikel vom Schweißtuch Christi, Haare Johannes des Täufers und den Teil einer Rippe des hl. Stefan
2 Die Karlsbüste (s.S. 56) zeigt ein idealisiertes Porträt, eingearbeitet ist die Schädeldecke des Kaisers. Die Büste wurde den Königen vor der Krönung entgegengetragen
3 In den drei großen Arkaden des Karlsreliquiars (Mitte 14. Jh.) sind Karl der Große mit dem Kirchenmodell, Maria mit Kind und die heilige Katharina dargestellt. Die Reliquienzone darunter birgt einen Schenkelknochen Karls

Mit Kreuz und Hand

Das Lotharkreuz

Mehr als hundert Edelsteine und Perlen sowie eine Gemme mit einem Augustus-Porträt zieren die Vorderseite des Lotharkreuzes aus dem späten 10. Jh. Das Kreuz wurde bei Krönungen dem feierlichen Einzug in die Kapelle vorangetragen. Noch heute begleitet das Kreuz den Bischof beim Einzug in den Dom – mit der Rückseite voran, auf der der Gekreuzigte zu sehen ist. Der ovale Bergkristall unten zeigt wahrscheinlich König Lothar II. (855-869), dem sich der Name des prächtigen Kreuzes verdankt

Das Armreliquiar

Auch den Franzosen galt Karl der Große als heiliger König. Das Armreliquiar aus vergoldetem Silber ist eine Stiftung Ludwigs XI. Es birgt Elle und Speiche des rechten Arms Karls des Großen, beide wurden 1481 dem Karlsschrein entnommen. Die Knochen sind auf rotem Samt in eine Urkunde eingerollt, die durch das Bergkristallfenster der Goldschmiedearbeit zu sehen ist. Das gekrönte Wappen mit den drei goldenen Lilien weist auf den französischen Hof als Stifter hin

Für Könige und Gläubige

Die Pfalzkapelle nahm Anleihen in der Spätantike, die Gotik machte ein Wunder des Lichts daraus und die Gegenwart ein Weltkulturerbe – Dom aber ist der Sakralbau erst seit 1930

Nach seiner Krönung zum Kaiser in Rom zu Weihnachten 800 ließ sich Karl endgültig in der Pfalz Aachen nieder. Bereits um 793 hatte er, der sich nicht nur in der Nachfolge der späten römischen Kaiser sah, sondern auch die Symbiose von Antike, Christentum und Germanentum in einem geeinten Reich anstrebte, mit dem Bau der Pfalzkapelle begonnen. Sie wurde 805 vollendet und ist der heiligen Maria geweiht.

Dieses Hauptwerk der karolingischen Architektur in Form eines Oktogons fand seine Vorbilder in der antiken Baukultur der Kirchen San Vitale in Ravenna und der Sergios- und Bakchoskirche in Konstantinopel.

Der achteckige Kirchenraum wird von einem Arkadenumgang mit acht massiven Eckpfeilern gesäumt, auf den sich eine doppelstöckige Galerie mit zum Teil antiken Säulen aus Marmor, Porphyr und Granit aufbaut. Sie stammen aus Rom und Ravenna. Gekrönt wird das Oktogon in knapp 31 Metern Höhe von einer Kuppel mit etwa 15 Metern Durchmesser. Zum karolingischen Zentralbau gehört die von zwei Treppentürmen flankierte westliche Vorhalle, die heute einen Turmaufbau von 1884 trägt.

Im Osten geht das Oktogon in die 1355-1414 gebaute Chorhalle über. Der Zentralbau war zu klein geworden für die vielen Wallfahrer, die auf den alle sieben Jahre stattfindenden Heiligtumsfahrten die Reliquien im Marienschrein (Kleid Mariens, Windel und Lendentuch Jesu, Enthauptungstuch Johannes' des Täufers) bestaunen wollten. Auch den Delegationen zu den Krönungen – 30 Könige wurden von 936 bis 1531 im Oktogon inthronisiert – fehlte es an Platz.

Die Außenwände der gotischen Chorhalle sind zum großen Teil in riesige Buntglasfenster aufgelöst (s. S. 46), architektonisches Vorbild war die Sainte-Chapelle in Paris. Neben dem Marienschrein befindet sich der Karlsschrein mit den Gebeinen des großen Franken in der Chorhalle (s. S. 46). Weitere Kunstwerke großen Ranges sind die Goldtafel (Pala d'oro, um 1000/1020) vor dem Hauptaltar und die Heinrichskanzel (Ambo, 1002/14) mit Edelsteinen und Preziosen aus dem Besitz Heinrichs II.

Um den karolingischen Zentralbau versammeln sich Seitenkapellen aus dem 15. Jahrhundert: im Norden die Hubertuskapelle, die Nikolaus- und Michaelskapelle, im Südosten die Matthiaskapelle und die Annakapelle. Die im Südwesten gelegene Ungarische Kapelle, ebenfalls gotisch, bekam im 18. Jahrhundert eine barocke Form. Das Bauensemble des heutigen Doms, das in mehr als tausend Jahren trotz aller Uneinheitlichkeit zum harmonischen Ganzen wurde, ist das erste Denkmal in Deutschland, das die Unesco 1978 zum Weltkulturerbe erhob. ■

Das Dom-Ensemble

Sehr deutlich heben sich die Stilepochen (karolingisch, gotisch, barock) im Verlauf der Bauzeit des Doms zwischen dem 8. Jh. und 1788 voneinander ab

Nikolaus- und Michaelskapelle (vor 1487)

Karls- und Hubertuskapelle (1455-1474)

karolingisch
gotisch
Barock

Eingangsportal (1788)

Oktogon (vollendet um 800)

Chorhalle (Weihe 1414)

Matthiaskapelle (vollendet 1400)

Annakapelle (vollendet 1449)

Ungarische Kapelle (1756-67)

N
10 m

Das Oktogon

Dem Himmel so nah:
die Kuppel der Pfalzkapelle.
Die 24 Ältesten sind
um den Thron Christi ver-
sammelt. Das Mosaik
wurde 1881 rekonstruiert

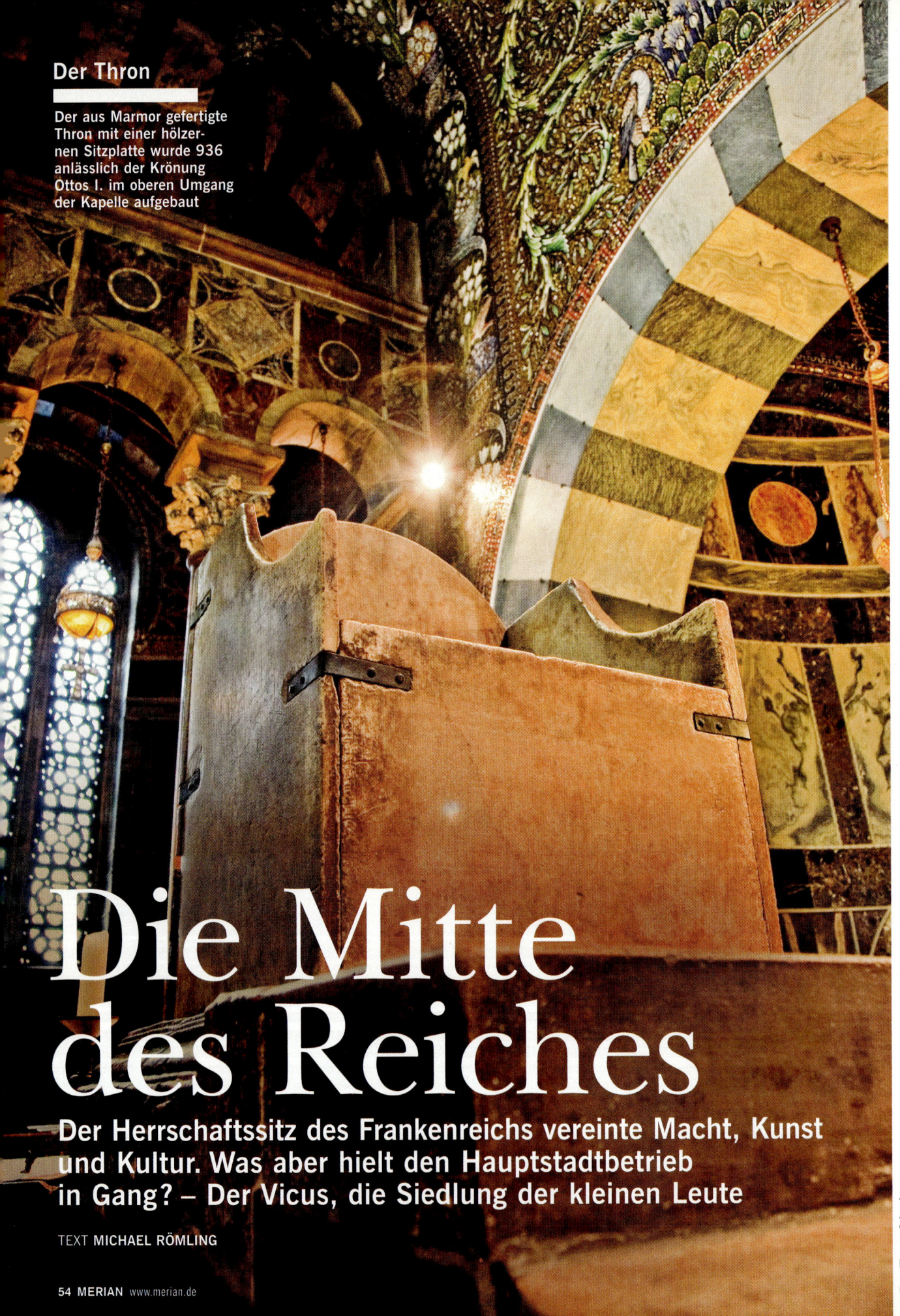

Die Mitte des Reiches

Der Herrschaftssitz des Frankenreichs vereinte Macht, Kunst und Kultur. Was aber hielt den Hauptstadtbetrieb in Gang? – Der Vicus, die Siedlung der kleinen Leute

TEXT **MICHAEL RÖMLING**

Der Befehl zur Razzia kam von ganz oben: Einige Jahre nach dem Tod Karls des Großen traf sein Sohn und Erbe Ludwig, später mit dem Beinamen »der Fromme« belegt, eine Reihe von Anordnungen, die die Wohnanlagen rund um die Aachener Pfalz betrafen. Vier ausgesuchte Beamte – Ratbert, Petrus, Gunzo und Ernaldus – sollten die Häuser der Verwalter und Dienstboten und die der christlichen und jüdischen Kaufleute inspizieren. Selbst die Wohnungen der Bischöfe, Äbte und Grafen – also die Gästehäuser für die höhergestellten Besucher – waren in deren Abwesenheit zu durchsuchen, wozu ein Kaplan abgestellt wurde. Wie ein Blitz erhellt dieser Auftrag für einen kurzen Augenblick die Gesellschaft im Umkreis der Pfalz und die Gebäude, in denen sie lebte. Der Text ist eine der wenigen Quellen, in denen die Siedlung im Schatten der übermächtigen kaiserlichen Residenz überhaupt erwähnt wird.

Ob der fromme Ludwig die Maßnahme aus gegebenem Anlass oder aus einem grundsätzlichen Unmut über die verkommenen Sitten seiner weiteren Entourage anordnete, ist nicht bekannt. Jedenfalls war der Auftrag delikat: Die Durchsuchungen galten vor allem Straftätern und Prostituierten, die die Siedlungsbewohner offenbar mehr oder weniger heimlich beherbergten. Für manchen hatte das ein

peinliches Nachspiel: Wer einen Mörder, Dieb oder Ehebrecher aufgenommen hatte, sollte gezwungen werden, diesen auf den Schultern um den Palast zur Schandsäule zu schleppen. Die »Buhlerinnen und Dirnen« sollten von ihren Freiern zur Auspeitschung auf den Markt getragen werden.

In welchem Maße die Beamten fündig wurden, ist nicht überliefert. Ludwigs Anordnungen werfen ein Schlaglicht vor allem auf die von Karls Biograf Einhard als *vicus* charakterisierte Siedlung, die für die Chronisten der karolingischen Zeit ansonsten nur ein kaum erwähnenswertes Anhängsel von Karls vielbewunderter Pfalz war. Diese Pfalz mit ihrer Kapelle war eines der architektonischen Wunderwerke ihrer Zeit – wenngleich sie neben den herrschaftlichen Bauten in Konstantinopel und Bagdad eher blass ausgesehen haben dürfte – und nebenbei das politische Zentrum des größten Reiches, das seit dem Ende des römischen Imperiums auf europäischem Boden herangewachsen war.

Ohne den *vicus* aber wäre die Pfalz gar nicht nutzbar gewesen. Eben hier lebten die Ratberts und Gunzos, die für den reibungslosen Ablauf der Regierungsgeschäfte sorgten, mit ihren Familien, hier lagen die Wirtschaftsbetriebe, von denen die Delikatessen für große Gastmähler und kleine Geschäftsessen in die kaiserliche Küche geschickt wurden. Hier wurden die Gäste mit ihrem Gefolge untergebracht und warteten auf ihre Audienz.

Hier befand sich der Markt, auf dem sich die kleinen Bediensteten des kaiserlichen Haushalts mit Lebensmitteln und die großen mit Luxusgütern versorgten. Hier lebten die Bauhandwerker, die die gewaltige Anlage zuerst errichteten und dann in Schuss hielten. Und hier stand schließlich die Schandsäule für alle, die sich nicht an die Regeln hielten.

Entsprechend eng war schon die Entstehung dieses Trabanten mit der Sonne verbunden gewesen, die er umkreiste. Zwar gab es auf dem Gebiet der heutigen Aachener Innenstadt bereits seit der Zeitenwende eine Siedlung, die auch in den Jahrhunderten der Völkerwanderungszeit nie ganz aufgegeben worden war. Zwar stand an der Stelle der Pfalzkapelle schon zu merowingischer Zeit eine Kirche, die in eine römische Thermalanlage gesetzt worden war. Zwar gab es spätestens zu Pippins Regierungszeit in Aachen eine Pfalz. Doch der eigentliche Aufschwung des Ortes setzte ein, als Pippins Sohn Karl beschloss, die Anlage zur Hauptresidenz auszubauen.

Vor allem lag die Attraktivität Aachens in den heißen Quellen, die Karl mit fortschreitendem Alter immer mehr schätzte. Berühmt ist das liebevolle Bild, das Einhard später von der Badegesellschaft des Alten zeichnete: »Und er lud nicht bloß seine Söhne, sondern auch die Vornehmen und seine Freunde, nicht selten auch sein Gefolge und seine Leibwächter

Die karolingische Pfalz

Erstmals 765 als »Aquis villa« erwähnt, wird die Aachener Pfalz gegen Ende des 8. Jahrhunderts großzügig ausgebaut

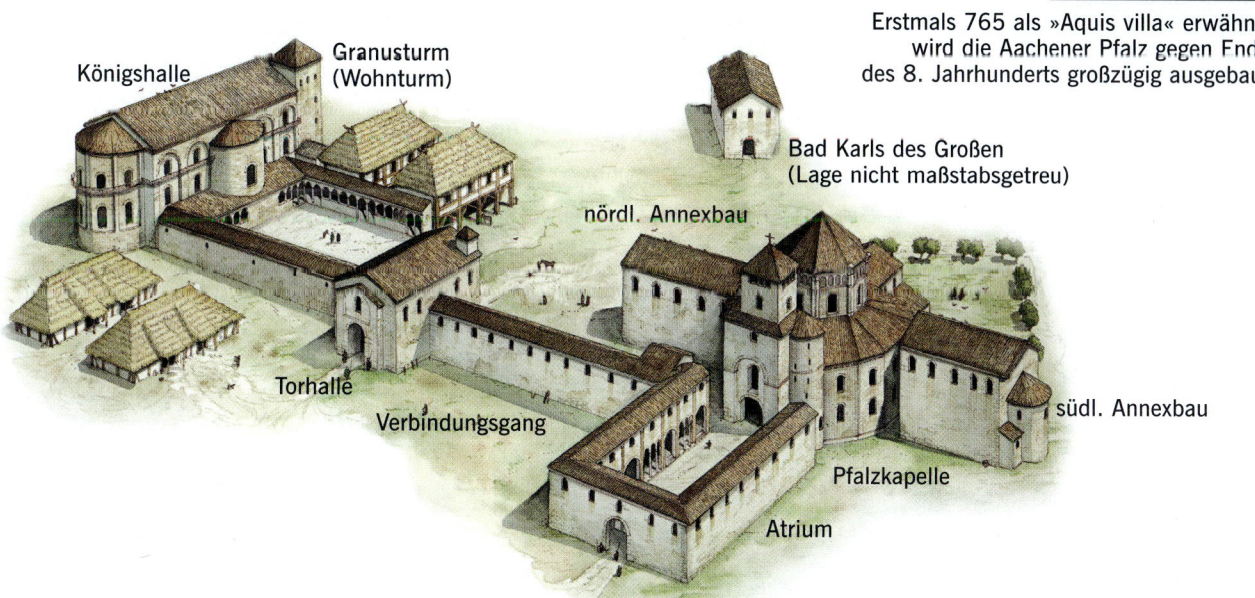

Königshalle

Granusturm (Wohnturm)

Bad Karls des Großen (Lage nicht maßstabsgetreu)

nördl. Annexbau

Torhalle

Verbindungsgang

südl. Annexbau

Pfalzkapelle

Atrium

Die Karlsbüste

Als Vater zweier Nationen, Deutschlands und Frankreichs, wird Karl der Große verehrt. Sein Frankenreich erstreckte sich von den Pyrenäen bis zur Nordsee. Die aus Silber getriebene und vergoldete Büste stiftete wahrscheinlich König Karl IV. um 1349, dem Jahr seiner Krönung. Die Krone trug er selbst – in Ermangelung der Reichskrone, die damals in Bayern verwahrt wurde. Das Brustkleid des Kaisers zeigt deutsche Reichsadler und der Sockel französische Lilien, nationale Symbole, die es freilich zur Zeit Karls des Großen noch nicht gab

Foto: Klaus Rossemeyer

zum Bade, so dass bisweilen 100 und mehr Menschen mit ihm badeten.« Schauplatz dieser Szene kann nur die Bücheltherme aus römischer Zeit gewesen sein, die Karl für seine Bäderkuren hatte restaurieren lassen.

Über die exakten Baudaten der Pfalz und ihrer Kapelle haben Generationen von Gelehrten gestritten. Sicher ist, dass mit den Bauarbeiten begonnen wurde, lange bevor Karl die Pfalz als dauerhafte Residenz bezog. Um 790 waren fast ständig Maurer, Zimmerleute und Steinmetze im Einsatz; für die Ausstattung kamen dann im Lauf der Jahre auch Glaser und Metallgießer dazu. Zu dieser Zeit dürfte der *vicus* im Schatten der Baugerüste vor allem eine Handwerkersiedlung gewesen sein.

Mit dem Einzug Karls und seines Hofes mischten sich bald andere Geräusche unter das Hämmern, Meißeln und Sägen der Arbeiter: die liturgischen Gesänge aus der Pfalzkapelle, die auch die Pfarrkirche des kleinen Ortes war, das Hufgetrappel der Meldereiter, Königsboten und Jagdgesellschaften, das Dröhnen festlicher Gelage und die Streitereien der Parteien vor dem Hofgericht, das in den letzten Jahren von Karls Herrschaft zur letzten Berufungsinstanz für das ganze Reich geworden war.

Zu diesem ereignisreichen Alltagsbetrieb, in dessen Epizentrum der alternde Karl ruhte, kamen die Hoftage und Synoden, bei denen Aachen gewiss aus allen Nähten platzte. In dem Maß, in dem der Ort zum Zentrum des Reichs wurde, waren auch die Trabanten des Hofes gehalten, sich eigene Unterkünfte in der Umgebung der Pfalz zu suchen. Auch Einhard unterhielt hier eine Wohnung. Im Herbst 828 schrieb er an seinen Verwalter in Maastricht: Er möge seine Gehilfen in Aachen anweisen, seine dortigen Wohnungen in Ordnung zu bringen und mit Vorräten an Mehl, Bier, Wein und Käse auszustatten, weil er, Einhard, noch vor dem Martinsfest dort einzutreffen gedenke. Bezeichnend ist dieser Brief, weil er zeigt, dass die Prominenz des Reichs schon bald nach Karls Tod immer seltener vor Ort weilte.

Wo dieser Ort zu suchen ist, konnte bis heute nicht geklärt werden. Die Wohnbauten der höhergestellten Hofbediensteten und die Gästehäuser dürf-

ten zu einem guten Teil zwischen Katschhof und Bücheltherme gelegen haben. Immerhin verrät eine Notiz des Chronisten Notker Balbulus, dass Karl von seiner Sonnenterrasse aus – wahrscheinlich ein im Süden vor die Königshalle gesetzter Anbau – die ganze Anlage überschauen konnte. Von dort aus muss er auch eines seiner kostbarsten Mitbringsel aus Italien im Blick gehabt haben: eine Reiterstatue des Gotenkönigs Theoderich, die er auf dem Rückweg von seiner Kaiserkrönung aus Ravenna mitgebracht und wohl im Katschhof aufgestellt hatte.

Auch der Westen der Pfalzkapelle muss besiedelt gewesen sein. Einem Bericht Einhards zufolge wurden die Bewohner dieser Gegend von den »Wohlgerüchen« der Reliquien angelockt, die er 827 in einer kleinen Lichterprozession in seine Privatkapelle bringen ließ, wo in den folgenden Tagen eine ganze Reihe von Kranken wundersamerweise von ihren Leiden geheilt wurden. Nach neuesten Ausgrabungsergebnissen reichte die karolingische Bebauung sogar bis in den Bereich des Templergrabens. Im Osten

der Bücheltherme dagegen lag ein Friedhof auf einer kleinen Anhöhe. Dahinter begann das legendäre Tiergehege, das sogar in einigen Oden besungen wurde. Wer sich die Mühe machte, vom erhöhten Standpunkt in der Kapellengalerie in diese Richtung zu blicken, der hätte mit etwas Glück auch einen Blick auf Abul Abbas erhaschen können, den weißen Elefanten, der als Geschenk des Kalifen von Bagdad 802 nach einer abenteuerlichen Reise in Aachen angekommen war.

Der Abstieg Aachens begann schon bald nach Karls Tod 814. Wie ein böses Omen wirkte es auf die Zeitgenossen, als sein Sohn Ludwig am Gründonnerstag 817 nach der Messe von einem einstürzenden morschen Laufgang in die Tiefe gerissen wurde. Der Kaiser kam mit ein paar Prellungen davon. Doch in den folgenden Jahren musste

er die Pfalz seines Vaters immer mehr vernachlässigen und sich um die Erhaltung des Reiches kümmern. Am Ende der Regierung Ludwigs fand nur noch etwa jeder fünfte Hoftag in Aachen statt, und auch die Gesandtschaften aus dem Ausland empfing der Kaiser meist anderswo.

Zwei Jahre nach Ludwigs Tod 840 führte sein Sohn Lothar den gesamten Staatsschatz aus Aachen weg. Und als im Jahr 880 mit dem Vertrag von Ribemont die Verteilung des Reichs geregelt war, fand sich Aachen am Rand des östlichen Teilreiches wieder. Und als wären die Aussichten, zur randständigen Provinz zu verkommen, nicht schon trübe genug gewesen, fielen nur ein Jahr später die Wikinger über den kleinen Ort her, brannten die Pfalz ab und nahmen mit, was ihnen in die Hände fiel.

Den wichtigsten Schatz Aachens aber erbeuteten sie nicht: Karls Grab, das erst Otto II. und Kaiser Barbarossa öffnen ließen, um seine Gebeine zu Reliquien zu machen. Dieses Grab war es, zusammen mit Karls Thron als Sym-

Kein Räuber fand das Grab

bol seiner schon bald voller Hingabe verklärten Herrschaft, dem Aachen nur wenige Generationen nach den dunklen Zeiten der Vernachlässigung seinen erneuten Aufstieg verdankte. Denn als Otto, Karls erster Nachfolger, dem die Nachwelt den Beinamen »der Große« gönnte, 936 auf eben diesem Thron Platz nahm und zum ostfränkischen König gekrönt wurde, begann hiermit die lange Tradition eines Zeremoniells, um das ab 1025 fünf Jahrhunderte kaum ein deutscher Herrscher herumkam, wenn er einen rechtmäßigen Anspruch auf die Macht erheben wollte. Und mithilfe der bei den Krönungen erteilten Privilegien gelang es dem ehemaligen *vicus*, aus dem Schatten der Pfalz zu einer Stadt heranzuwachsen, die den ideellen Glanz der Krönungen bis heute in bare Münze umzusetzen versteht. ∎

Wissen zu

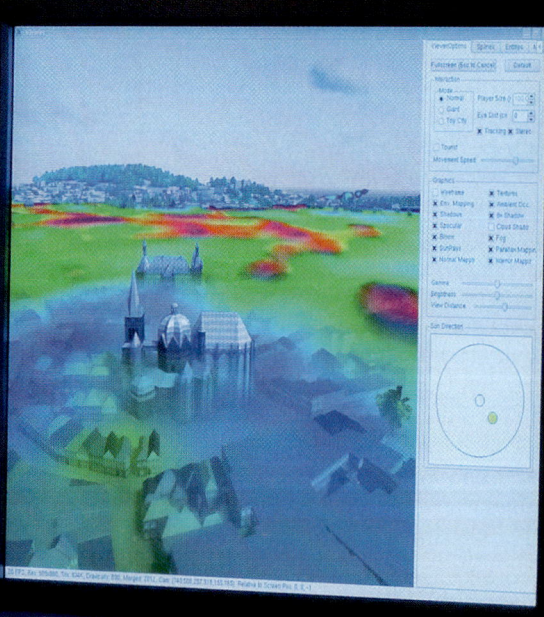

verkaufen

Viewer

Die Rheinisch-Westfälische Technische Hochschule ist eine der neun deutschen **EXZELLENZUNIVERSITÄTEN**. Hier erkennt man: Techniken und Produkte sind wichtig, aber mehr noch das Wissen, warum sie funktionieren – oder nicht

TEXT **PETRA THORBRIETZ**

Die dreidimensionale Darstellung der WLAN-Netze in Aachen zeigt dem Computergrafik-Experten die zu schließenden Löcher

20 FPS, Res: 989x980, Tris: 832K, Drawcalls: 890, Merged: 2012, Cam: (740.508,257.918,185.165) Relative to Screen Pos: 0, 0, -1

Es fällt schwer, den Blick vom Fußwerk des Günther Schuh abzuwenden. Nomen est omen. Es glänzt und blitzt, als ginge es gleich damit auf eine Konzertbühne. Ein Player ist der sportliche Zwei-Meter-Mann durchaus: als Maschinenbau- und Wirtschaftsingenieur, als Professor für Produktionssystematik, als Direktoriumsmitglied eines Instituts für Industriekommunikation und Fachmedien.

Auch als Konrektor der RWTH, der Rheinisch-Westfälischen Technischen Hochschule, beherrscht Schuh den großen Auftritt. Er gehört zu den »Treibern«, die die Universität in einer bundesweiten Exzellenzinitiative zu einem handverlesenen Sieger machten. Mit ihrem Teil des Gesamtbudgets von 1,9 Milliarden Euro soll sie ein »Leuchtturm« der Wissenschaft werden.

Sie leuchtet bereits: In akademischen Rankings erreicht die RWTH regelmäßig einen vorderen Platz in den Ingenieurwissenschaften. Sie ist auch in der Wirtschaft hoch geschätzt: Die Personalchefs der 500 größten deutschen Unternehmen wählten 2009 die Aachener Hochschule in den Disziplinen Elektrotechnik, Informatik, Maschinenbau, Naturwissenschaften und Wirtschaftsingenieurwesen auf den ersten Platz.

Auch international möchten die Aachener bei den ganz Großen mitspielen und haben deshalb bei der Exzellenzinitiative vor allem mit ihrem Zukunftskonzept gepunktet: »Meeting Global Challenges«, globale Herausforderungen annehmen.

Die Ziele sind nicht gerade bescheiden: Silicon Valley, die intelligente Vernetzung kreativer und produktiver Inseln auf konzentriertem Raum, sei das Vorbild, sagt Schuh. Und vom MIT, der berühmten Bostoner Technologieschmiede, habe er sich abgeschaut, wie man Wissen und vor allem Expertise verkaufe, denn die Nützlichkeit des akademischen Handelns, so das Credo der RWTH, steht hier an erster Stelle.

Anpacken bedeutet im dritten Jahrtausend allerdings etwas anderes, als den Schraubenschlüssel zur Hand zu nehmen. Vorbei die Zeiten, als die Maschinenbauer karierte Holzfällerhemden unter grauen Kitteln trugen und die Elektrotechniker altmodische Brillen. Und auch wenn das Ambiente der Labors und Maschinenhallen immer noch Erfindergeist versprüht und so aussieht, als könnte hier jederzeit etwas in die Luft fliegen, liegen die Risiken der täglichen Arbeit ganz woanders. *Change Management* ist das wichtigste Geschäft von Professor Schuh. »Wie richtet man die Forschung aus?«, fragt er – als Technische Hochschule, deren Arbeit vom *demand pull,* der Nachfrage durch die Industrie und nicht zuletzt ihren Drittmitteln in besonderem Maße abhängig sei. Die aber doch auch den *technology push* leisten müsse, die Entwicklung ganz neuer Konzepte, ohne die dieselbe Industrie irgendwann dem Untergang preisgegeben wäre. »Das geht nur«, beantwortet Schuh seine eigene Frage, »indem wir die Grundlagenforschung in den Naturwissenschaften ausbauen.«

Auf einem Blatt Papier skizziert er mit zwei Kreisen, was er meint: »Wir dürfen Technologien nicht nur intelligent anwenden …« (ein Kreis symbolisiert die Ingenieurwissenschaften), »wir müssen immer auch verstehen, was ihre Grundlagen sind!« Der zweite, kleinere Kreis für die Naturwissenschaften an der RWTH wird mit Schwung vergrößert, bis er dem ersten ebenbürtig ist. Was beim Hinhören so simpel klingt, ist auf den zweiten Blick ein Drahtseilakt durch das technologische Zeitalter, in dem nicht zwei oder drei Disziplinen hinter einem Produkt stecken, sondern 15, 20 oder 40. »Unser Standortvorteil ist, dass wir

Foto: Thomas Ernsting

DER MACHER

GÜNTHER SCHUH, Change Manager der RWTH, strebt die stärkere Vernetzung von Industrie und Hochschulforschung an, das gegenseitige *push and pull*

Viel Rückenwind für
ALTERNATIVE ENERGIEN
nach langer Flaute

In dieser Hochdruck-
kammer wird das
motorische Verhalten
alternativer Kraft-
stoffe untersucht. Die
Experten für Ener-
giespeicherung
dagegen tüfteln lange
am »Street Scooler«,
einem Elektromobil

in Deutschland wissen, warum Herstellungsprozesse funktionieren oder nicht«, betont Lutz Oliver Schapp, der Geschäftsführer eines Exzellenzclusters, das sich mit speziellen Fragestellungen der Produktionstechnik von Hochlohnländern beschäftigt. »Dieses Wissen können andere Länder nicht einfach kopieren, auch wenn sie das bei den Produkten versuchen.«

Exzellenzcluster, das sind riesige Konglomerate vieler miteinander verflochtener Einzeldisziplinen, dreimal größer als die von der Deutschen Forschungsgemeinschaft üblicherweise

vergebenen Sonderforschungsbereiche. Schapps Exzellenzcluster beschäftigt sich mit dem immer enger gewordenen Innovationsradius der Industriestaaten, während die Schwellenländer Asiens mit Riesenschritten die Märkte erobern. »Anstatt immer noch kleinere Details in den Produktionsabläufen optimieren zu wollen«, sagt er, »müssen wir die Strukturen ändern, und zwar auf eine Weise, die nicht personalintensiv und teuer ist.« Eine Möglichkeit dazu ist beispielsweise die Entwicklung von Robotern, die nicht nur einen ihnen antrainierten

Statt künstlicher Stoffe
HERZKLAPPEN
aus eigenen Zellen

Herzklappen aus körpereigenem Material sind besser, sie können mitwachsen. In diesem Bioreaktor entwickelt sich das Gewebe

Bewegungsablauf beliebig oft wiederholen können, sondern auch noch lernen, selbst zu entscheiden, was gerade gebraucht wird. Wenn Produkte auf diese Weise kostengünstig individualisiert werden, könnte das den Hochlohnländern einen entscheidenden Wettbewerbsvorteil gegenüber der Billigkonkurrenz mit ihrer günstigen Massenfertigung liefern.

Einen noch viel radikaleren Wandel der Produktionsstrukturen könnte zum Beispiel der »Street Scooter« vollziehen, ein Elektromobil der RWTH. Bislang fährt er nur durch die Köpfe

seiner Erfinder, doch im Jahr 2020 soll er zu der bis dahin von der Bundesregierung angestrebten Million batteriebetriebener Fahrzeuge auf deutschen Straßen gehören.

»Die ideologische Debatte um die Frage, wie effizient Elektroautos sein können, geht von völlig falschen Voraussetzungen aus«, sagt Energiespeicherexperte Dirk Uwe Sauer. »Es kann längerfristig nicht darum gehen, in einen für den Verbrennungsmotor gebauten Fahrzeugtyp lediglich einen neuen Antrieb einzubauen. Wir müssen das Auto völlig neu denken!«

dern setzen die vier Minimotoren direkt an die Räder«, so Sauer. Wo kein Verbrennungsmotor ist, fehlt aber nicht nur die Abwärme (für Klimatisierung und Temperaturdämmung müssen neue Konstruktionen ersonnen werden), sondern auch die Motorhaube. Das eröffnet neue Möglichkeiten für das Design der Karosserie. Das Material? Vielleicht beschichtete Fasern – das klingt zwar nach Trabant, doch an der RWTH werden mit Hilfe von Fasergittern als Träger selbst wehrhafte Betonwände hochgezogen.

Fasern und Gewebe, das ist heute noch ein wichtiges Thema an der Hochschule, die 1870 als Polytechnikum vor allem entstanden war, um Nachwuchskräfte für die expandierende Textilindustrie zwischen Maas und Rhein auszubilden. Diese Industrie, die die Region reich machte, ist längst abgewandert in Billiglohnländer, doch die durch sie begründeten Technologien bleiben aktuell.

Auch in der Medizin. Das Aachener Universitätsklinikum, 1971 bis 1985 erbaut und berühmt wie berüchtigt wegen seiner gigantischen Ausmaße, liegt wie eine Festung in Sichtweite des Büros des Mediziners Stefan Jockenhövel, gleich dahinter das Dreiländereck mit der Grenze zu Belgien und den Niederlanden. Jockenhövel ist Herzchirurg, und sein Herz gehört vor allem der Technik. Er hat mit einer interdisziplinären Arbeitsgruppe ein Verfahren zur Züchtung künstlicher Herzklappen aus körpereigenem Material entwickelt. Es ist so neu, dass selbst die Zulassungsbehörden noch nicht genau wissen, nach welchen Verfahren sie diese neue Therapie prüfen werden. Herzklappen stammen üblicherweise von Schweinen (deren Gewebe so weit seiner biologischen Merkmale entkleidet wird, dass es vom Immunsystem nicht erkannt und abgestoßen wird) oder aus Karbon. Beide Verfahren sind nicht ideal. Die körperfremden Klappen verkalken und verlieren an Funktionstüchtigkeit oder erfordern eine lebenslange Blutverdünnung. Kinder, die herzkrank geboren werden – immerhin eines von tausend Babys –

müssen überdies immer wieder neu operiert werden, weil ihr Herz mit ihnen wächst, aber die Klappen nicht. »Das wollen wir ändern«, sagt Jockenhövel und führt einen Film vor, der zeigt, wie er aus dem Gewebe des Nabelschnurbluts eines Neugeborenen das Fibrin isoliert, jenen Stoff, der die Blutplättchen zusammenklebt, wenn Wunden verschorfen und heilen. Das Fibrin macht er in einer Art Spritzgussverfahren zu einer passgenauen natürlichen Matrix, in der er Zellen aus der Nabelschnur ansiedelt. In einem Bioreaktor, der Temperatur, Fluss und Druckverhältnisse stabilisiert, wächst das neue körpereigene Gewebe zusammen.

Auf ähnliche Weise könnten auch Gefäßprothesen (Bypass) oder biologische Herzschrittmacher entstehen. »Pathfinder-Projekte« heißen solche wagemutigen Explorationen in der RWTH, die über ein eigenes System von Seed-Funds, Geldern zur Weiterentwicklung von Ideen, finanziert werden. »Wir brauchen diese Möglichkeit, high-risk-high-game-Ideen anzutesten«, sagt Jockenhövel. »Und wir brau-

Sauer, der sich an der RWTH vom Junior- zum ordentlichen Professor hochgearbeitet hat, freut sich, dass »sein« Thema, die alternativen Energien, nach jahrelangen Grabenkämpfen plötzlich so viel politischen Rückenwind erhält. Die Idee, ein Auto so zu konstruieren, dass es mit dem Überschussstrom in der Nacht oder der Energie aus Solar- und Windkraftanlagen an der Steckdose aufgeladen werden kann, erzwingt Neuerungen, die immer weitere nach sich ziehen. Das fängt mit der Konstruktion an: »Wir brauchen keine Antriebswelle, son-

chen den Campus, um Industriepartnern räumlich nah die Kooperation zu ermöglichen, etwa die biologischen Herzklappen zur klinischen Reife zu führen. Denn die wird man wohl kaum im Krankenhaus selbst zusammenbauen können. Also arbeiten wir auf ein Spin-Off-Unternehmen hin.«

Spin-Offs sind spezielle Ausgründungen von Projekten, die zwar in den Forschungslaboren der RWTH ent-

standen sind, dann aber andere, nämlich wirtschaftliche Strukturen benötigen, um zur Blüte zu gelangen. Sie sollen einen Platz auf dem Campus finden, dem ganz großen Wurf des Change Managers Schuh, mit dem dieser viele seiner Ziele »mit einer Klappe«, wie er sagt, verwirklichen möchte. Auf einer Fläche von rund 270 000 Quadratmetern in Aachen-Seffent/ Melaten sollen sich in einigen Jahren die bisherigen Räumlichkeiten der RWTH verdoppelt haben.

Das Investitionsvolumen beträgt bis zum Jahr 2050 die Riesensumme von rund 750 Millionen Euro. 19 Forschungscluster, 250 Technologieunternehmen, über 10 000 Mitarbeiter, eine eigene GmbH – die Superlative erzeugen Schwindel bei manchen Verantwortlichen an der Hochschule, und auch ein wenig Sorge angesichts der Weltwirtschaftskrise. Doch Günther Schuh ist sich sicher, dass nur der Campus die noch engere Vernetzung von Hochschulforschung und Industrie, von *push and pull* des notwendigen Wissenszuwachses, erreichen kann. »Wir haben ein Strategie-Audit gemacht«, erzählt er. »Wir haben alle Voraussetzungen für *leadership* in Forschung und Lehre. Es fehlt uns nur eines: Platz!«

Ganz so simpel ist es nicht. Neben der Überzeugungskraft, die notwendig ist, um privates Kapital aufzubringen, arbeitet Schuh daran, die Spitzenunternehmen zu einer Mitarbeit zu bewegen, und zwar mindestens zwei aus jeder Branche, das bedeutet: auch die Konkurrenten. »Nur so können wir die Tiefe des Wissens mit der Breite der möglichen Anwendungen verknüpfen«, sagt er und auch, dass die europäische Industrie nur noch in gemeinsamer Anstrengung gegenüber den Herausforderungen des Weltmarkts bestehen könne.

Professor Schuh wird es schon schaffen. Das denkt auch Rektor Ernst M. Schmachtenberg, vom Fach her Kunststoffexperte. Gerade kommt er aus einem Hörsaal, den Studenten besetzt halten, um, wie er findet, begründet gegen die Raumnot zu demonstrieren. »Dieses Land muss begreifen, dass Wissen unsere einzige Chance für die Zukunft ist«, sagt er. Schon jetzt sei nicht klar, woher die Ingenieure kommen sollten, um die vielen drängenden Fragen rund um Klimawandel, Rohstoffknappheit oder Überbevölkerung zu klären: »Nur mit Technik lösen wir diese Fragen.« Die Angst vor den Technikfolgen findet er unbegründet.

Ohne Risikofreude könnte Schmachtenberg diese Uni wohl auch nicht leiten – die den ehrgeizigen Spagat zwischen rund 33 000 Studierenden und Eliteausbildung versucht, zwischen Industrie und Wissenschaft, zwischen der Region und der Welt. »Wir machen das ganz gelassen«, sagt der Rektor und lächelt zufrieden. »Auf unsere rheinische Art!« ◼

Die Uni-Klinik, 1971-84 für rund zwei Milliarden Mark erbaut, steht bereits unter Denkmalschutz. Das Foyer (links) hat die Anmutung einer Airport-Empfangshalle

Für uns der wichtigste Sohn der Stadt!

1824 gründete der Aachener Kaufmann David Hansemann die Aachener Feuerversicherung – die heutige AachenMünchener.

Die AachenMünchener hat sich bis heute zum zweitgrößten Lebensversicherer und zu einem der größten Sachversicherer in Deutschland entwickelt. Seit mehr als 185 Jahren sind wir ein zuverlässiger Partner für dauerhafte Sicherheit.
Das Hansemann-Denkmal finden Sie auf dem Hansemannplatz – die AachenMünchener finden Sie auf dem AachenMünchener-Platz Nr. 1 und im Internet unter www.amv.de .

Von nützlichen Nachbarschaften

Die Region Aachen ist ein Musterbeispiel der Vernetzung wissenschaftlicher und unternehmerischer Arbeit. Die FH Aachen setzt Maßstäbe, und AGIT ist Türöffner zur Technologieregion Aachen

Unter Wasser so zuverlässig geleitet werden wie beim Autofahren – davon träumen Taucher. Mechatronik-Masterstudenten der Fachhochschule Aachen entwickeln zurzeit einen digitalen Tauchnavigator, der die manchmal umständliche Orientierung mit dem Kompass ersetzen soll. Schlechte Sicht wird mit dieser Weltneuheit kein Problem mehr sein. Das Projekt der FH Aachen ist eines von vielen Beispielen für die Praxisorientierung und Anwendungsnähe, durch die sich die mehr als 50 Bachelor- und Masterstudiengänge in zehn Fachbereichen auszeichnen. Etwa 9500 Studierende zählt die Hochschule an ihren Standorten Aachen und Jülich. Ihr Schwerpunkt liegt auf den Ingenieurwissenschaften und den technischen Fächern, aber auch Architektur und Gestaltung gehören zum Studienangebot. Zahlreiche Untersuchungen belegen, dass Absolventen der FH Aachen ausgezeichnete Perspektiven für den Start ins Berufsleben haben. Die Studierenden profitieren nicht zuletzt von der Stärke der Hochschule in der Forschung. Besonders in Zukunftsbereichen wie Energietechnik, Biotechnologie und Medizintechnik ist die Forschung an der FH Aachen am Puls der Zeit; sie findet bedarfsorientierte Lösungen in Fragen der Lebens- und Umweltqualität und setzt sie um. Die Hochschule ist national und international sehr gut vernetzt, mit mittelständischen Unternehmen ebenso wie mit Weltkonzernen und bedeutenden Forschungseinrichtungen. www.fh-aachen.de

In der Technologieregion Aachen sind nicht nur die RWTH, das Uni-Klinikum und die FH gut vernetzt, sondern auch viele Unternehmen in der Städteregion Aachen, den Kreisen Düren, Heinsberg und Euskirchen, die zur Technologieregion gehören. Daran hat die Aachener Gesellschaft für Innovation und Technologietransfer (AGIT) einen bedeutenden Anteil. Sie ist die Wirtschaftsförderungsagentur für die Technologieregion Aachen mit ihren insgesamt 13 Technologiezentren, die zurzeit Büro-, Produktions- und Laborflächen für ca. 500 Unternehmen mit 4 000 Arbeitsplätzen zur Verfügung stellen. Die Zentren haben unterschiedliche Profile: von der universitätsnahen Einrichtung zum Beispiel mit Labors für Medizintechnik bis hin zum grenzüberschreitenden Businesszentrum EBC in Herzogenrath/Kerkrade. Unter dem Motto »Gründen, Ansiedeln, Fördern« berät und betreut die AGIT deutsche und internationale Investoren, technologieorientierte Unternehmen bei Gründung und Wachstum und betreibt die Regional- und Clusterentwicklung ausgewählter Technologiefelder. 2009 kam es zu 23 Neugründungen. Die Aachener Technologiezentren TZA und MTZ wirkten seit 1984 bei der Niederlassung von etwa 300 Unternehmen mit. www.agit.de

Wussten Sie schon, dass... man in Düren Gebäude zum Sprechen bringt?

"Führend in technischen Geweben entwickeln wir weltweit integrierte Lösungen für Industrie und Architektur. Unsere Hochleistungsgewebe aus Metall und anderen Werkstoffen filtrieren, trennen, trocknen, transportieren, schützen oder lassen sogar Gebäude sprechen – mit eingebauten LED-Zeilen als transparente Medienfassade. Ihre Einsatzvielfalt lebt von zwei Quellen: der Vorstellungskraft unserer Kunden und unserer Entwicklungsstärke."

Dipl.-Ing. Ingo Kufferath (li.) & Dr. Stephan Kufferath
Vorstand GKD – Gebr. Kufferath AG

Wussten Sie schon, dass... man in Herzogenrath mit den Augen hören kann?

"Beim Kauf eines Sportwagens kommt es nicht nur auf Funktionalität und Optik an, auch der passende Motorsound spielt eine wichtige Rolle bei der Kaufentscheidung. Mit unserer Analysesoftware ArtemiS werden Geräuschdaten grafisch dargestellt und gleichzeitig akustisch wiedergegeben. So entwickelt der Akustik-Ingenieur den optimalen Sound für ein Produkt. Verfahren zur Geräuschoptimierung und zum Sound Design werden in vielen Bereichen weltweit eingesetzt."

Prof. Dr. Klaus Genuit, Geschäftsführer, HEAD acoustics GmbH

Wussten Sie schon, dass... man in Aachen Gebäude plant, die Wissen vermehren?

"Die wichtigste Ressource des 21. Jahrhunderts ist Wissen. Der erste Rohstoff, der sich bei Gebrauch vermehrt. Carpus+Partner plant und realisiert Labore, Produktionen und Büros für die Hightech- und Pharmaindustrie, aber auch Forschungsgebäude und Institute für Hochschulen. Durch einen höchst kommunikativen Entwicklungsprozess entstehen „durchlässige" Räume, in denen Menschen begeistert zusammen arbeiten und zu exzellenten Wissensproduzenten werden."

Peter Winkler (li) und Günter Carpus, Vorstände Carpus+Partner AG

Wussten Sie schon, dass... man in Herzogenrath perfekt regenerieren kann?

"Regeneration ist mehr als Entspannung. Wir strengen uns sogar außerordentlich an, um die besten Produkte für die Regenerative Medizin zu entwickeln. Unsere Implantate aus Kollagen können mit patienteneigenen Zellen besiedelt werden und fördern die Regeneration von Gewebeschäden. So wird unsere Kollagenmembran „Remaix" eingesetzt, um die Knochenneubildung im Kiefer zu unterstützen, damit eigene Zähne nicht verloren gehen und Zahnimplantate besseren Halt bekommen."

Dr. Ingo Heschel, Geschäftsführer, Matricel GmbH

Wussten Sie schon, dass...

in der Technologieregion Aachen ganz schön was los ist?

TECHNOLOGIE REGION AACHEN
www.technologieregion-aachen.de

Relikte aus fernen Zeiten

1 Eine Münze aus spätkeltischer Zeit, um 100 v. Chr. Wann sie in den Aachener Boden kam, ist unklar **2** Der karolingische Silberdenar war die erste Münze seit der Antike, die in fast ganz Europa kursierte. Diese wurde nach 794 geprägt **3** Murmeln: Kinderspielzeug aus dem 16. Jh. **4** Der bronzene Löwe war zu Römerzeiten ein Schlüsselgriff **5** Die Münze zeigt Kaiser Tiberius, sie stammt aus der Zeit, in der Aachen gegründet wurde

GANZ UNTEN

Auf den Spuren der Antike

Was war vor Karl? Die Frage beschäftigt immer mehr Aachener, seit ein Stadtarchäologe ihren Boden durchforscht. Erste Erkenntnis: Aquae granni war eine veritable römische Stadt

TEXT **ROLAND BENN**

Als der Elisengarten durchsucht wurde, waren stets Besucher willkommen – und manchmal leicht schockiert: Die Knochen auf dem Zeitungspapier sind menschlich, sie entstammen dem frühen Mittelalter

Nein, da werden wir nichts machen«, spricht Andreas Schaub ins Telefon, »das geht nach Paragraf 15/16.« Und das bedeutet: Die Bauarbeiten können sofort beginnen. Alle Bauanträge im Kreis Aachen, sei es für ein Einkaufszentrum, sei es für eine Garage, gehen über seinen Tisch in der Baubehörde. Sie liegen dort neben einer Pappkiste mit jungsteinzeitlichen Tonscherben und einer anderen mit mittelalterlichen Knochenresten. So etwas ist selten in einer Baubehörde, denn Herr Schaub ist Archäologe. Sein Einspruch kann jedes Bauvorhaben stoppen.

Paragraf 15/16 aber erlaubt den Bau. Wenn bei den Erdarbeiten jedoch irgend etwas zum Vorschein kommt, was von Interesse für die Archäologie sein könnte, dann muss es der Bauherr sofort melden. Aber was sieht schon nach Archäologie aus? Eine Kiste voller Gold? Ein Skelett? Oder doch eher eine römische Ziegelmauer, eine Brandschicht, ein zusammengefallener Brunnenschacht? Oder gar nur eine Bodenvertiefung, die sich bei genauer Hinsicht als Arbeitsplatz eines steinzeitlichen Klingenschlägers entpuppt?

All dies kommt in der Aachener Erde vor. Wie soll sich da ein Bauleiter auskennen?

Er kann sich das ganz einfach zeigen lassen, am besten von Andreas Schaub. Der führt seine Mitbürger mit Begeisterung durch Baugruben und Untergründe, und mehr und mehr Aachener teilen seine Emphase. Als 2009 der Elisengarten großflächig aufgegraben wurde und eine fast unübersehbare Fülle von Zeugnissen alter Zeiten freigab, da kamen die Zuschauer in Scharen, Dutzende zuerst, schließlich Hunderte. Bei den letzten Führungen kam es sogar zu Gedränge, eine Dame stürzte in die Altertümer. Schaub hat in der kurzen Zeit seiner Tätigkeit ein enormes Echo für sein Fachgebiet ausgelöst.

Und das will etwas heißen, denn Archäologie in Aachen, das bedeutete lange Zeit Karl, Karl und noch einmal Karl. Der große Charlemagne, Herrscher eines Reiches, das von Dänemark bis bis Spanien reichte. Erzvater Deutschlands und Frankreichs, 748 geboren und 814 hier begraben. Baute seine Pfalz, auf der heute das Rathaus steht und seine

Kapelle, in der er auf dem unbequemen Marmorthron saß.

Und davor? Wer lebte hier um 500? Und davor? Ein römisches Lazarett, eine Badeanstalt und ein paar Häuser, nichts Besonderes. In der Archäologie der römischen Rheinprovinzen wird Aachen nur am Rande erwähnt. Und davor? Wie war es hier vor 5000 Jahren? Die Forschungen im Elisengarten beantworteten Fragen aus allen Epochen und dazu einige, die gar nicht gestellt wurden. Von der Großgrabung wird ein archäologisches Fenster bleiben, eine Fläche von rund 20 Quadratmetern, in der sich römische Wasserleitungen und karolingische Fundamente kreuzen, wo mittelalterliche Mauern neben einem runden Stein zu sehen sind, auf dem vor 5000 Jahren ein Jungsteinzeitler saß.

Heute wissen wir, dass das Gebiet der heutigen Stadt kontinuierlich besiedelt war, dass Merowinger in römischen Ruinen lebten und vor den Römern sehr wahrscheinlich eisenzeitliche Kelten die heilenden Quellen aufsuchten und vor ihnen Menschen, deren Namen wir nicht mehr kennen.

Dass Aachen in römischer Zeit ein Heilbad war, war lang bekannt.

5000 Jahre auf 20 Quadratmetern

Der Elisengarten wird 2010 wieder eine Grünanlage, ein »Archäologisches Fenster« bleibt offen: Hier sind die Funde besonders vielfältig

Römischer Terrazzoboden, daneben eine Fußbodenheizung

Knochenschnitzerwerkstatt, 12. Jh.

Römische Abwasserleitung, 2. Jh.

Kleiner römischer Tempel

Römische Fundamente

Flintsteinarbeitsplatz 3000 v. Chr

Pfostenlöcher römischer Holzbauten

Mittelalterliche Fundamente

Der Elisengarten

Die Fläche war seit dem 19. Jh. nicht mehr bebaut. 2009 gab sie römische Stein- und Holzbauten, mittelalterliche und steinzeitliche Handwerksplätze frei

Dass es in erster Linie der Genesung kampfunfähiger Soldaten diente, war eine unangefochtene Schlussfolgerung: Die beim Bau der Thermen verwendeten Ziegel trugen Siegel rheinischer Legionen, außerdem war das römische Gesundheitswesen sowieso eine Sache des Militärs: Für die Soldaten gab es Ärzte und Krankenhäuser, Zivilisten bekamen ärztliche Hilfe nur, wenn sie einen Privatarzt bezahlen konnten.

Wieso allerdings ausgerechnet schwefelhaltige heiße Quellen dafür geeignet sein sollten, verletzte Soldaten zu kurieren, fragte sich niemand. Das Aachener Heilwasser ist für Wunden Gift und hilft bei Gicht und Rheuma, die man bei der schlagkräftigen Armee Roms weniger vermuten sollte. Kritischen Betrachtern müsste auch aufgefallen sein, dass sich in den Thermen erhebliche Mengen von Haarnadeln fanden – Hinterlassenschaft von Soldaten oder vielleicht doch von Frauen?

Eine jedenfalls hat hier einen Gruß hinterlassen, der zeigt, dass Aqua granni weit mehr war als ein karges Lazarett im Wald: Julia Tiberina war im zweiten Jahrhundert aus dem nicht gerade nahen Britannien angereist, genas und bedankte sich beim medizini-schen Personal, indem sie zwei kleine Tempel stiftete. Und die waren nicht Jupiter geweiht oder dem im ganzen römischen Reich verehrten Mitras, sondern der ägyptischen Göttin Isis und der aus Kleinasien stammenden Kybele. Hatte ihr ein Masseur aus Antiochia Gutes getan, hatte ein Arzt aus Memphis geholfen, war sie deswegen nach Aachen gekommen und nicht ins viel berühmtere britische Aquae sulis, das heutige Bath? Vieles spricht dafür, dass Aachen ein Kurort war, der in der römischen Oberschicht einen Namen hatte, klein, aber fein, eine veritable Stadt. Wo feine Herrschaften flanierten, badeten, sich massieren und bewirten ließen und anschließend ins Theater gingen.

Wenn schon Kurgäste von weither kamen, dann musste man ihnen auch etwas bieten. Und ein Theater war in römischen Zeiten Bühne, Fernseher und Kabarett in einem. Kein Amphitheater, in dem sich Menschen und Tiere gegenseitig abschlachteten, sondern ein steiles Halbrund mit bester Akustik und einer hohen Fassade als Dauerkulisse. Dort ging es zwar auch oft recht deftig zu, manchmal floss auch Blut, aber in verdünnter Form. Ein Unterschied wie zwischen Wrestling und Tatort.

Ein römisches Theater in Aachen: Bis heute gibt es keinen Hinweis auf ein solches Gebäude, aber es gibt einen Verdacht: römische Quader. Große Steinblöcke, die für große, gleichmäßige Gebäude verwendet wurden, als tragende und formgebende Elemente. Die Porta Nigra in Trier ist aus solchen Quadern gebaut, bei Tempeln bilden sie oft einen stufigen Untergrund. Sie liegen in Mengen in der Aachener Erde, viele sind in den Fundamenten der Karlschen Pfalzkapelle verbaut. Selbst die Reliquienschreine, die Otto III. vor 1000 Jahren unter der Kapelle aufstellen ließ, sind mit römischen Quadern abgedeckt.

Zu viele Quader für ein paar Gräber, zu viele auch für einen Tempel, dessen Fundamente man eher überbaut als abgebaut hätte. Aber ein Bauvorhaben gibt es, das nach vielen Quadern geradezu schreit: ein Theater mit seinen regelmäßigen Sitzreihen.

Die Dankesinschrift belegt, dass Besucher von weither zur Kur nach Aquae grani kamen, in diesem Fall aus Britannien

---

MERIAN | ZEITTAFEL

Der Elisengarten

3000 v. Chr.
Hier werden Flintsteine bearbeitet, die vom Lousberg stammen. Dort hatte sich eine regelrechte Industrie für Steinbeile entwickelt. Aachener Beile wurden, zum Teil als Halbfertigware, im Umkreis von bis zu 250 Kilometern „exportiert".

300 v. Chr.
Reste von Kochgeschirr und Schmuck scheinen eine Besiedlung durch Kelten zu belegen.

0 bis 450 n. Chr.
Aus der Römerzeit gibt es zahlreiche Funde, auch etliche Großbauten. In dieser Zeit wurde mindestens sechsmal neu gebaut.

450 bis 750
Keramik aus der Zeit der Merowinger, die zeitlich zu einem Friedhof in der Nähe passen; Hausfundamente sind noch nicht eindeutig datiert.

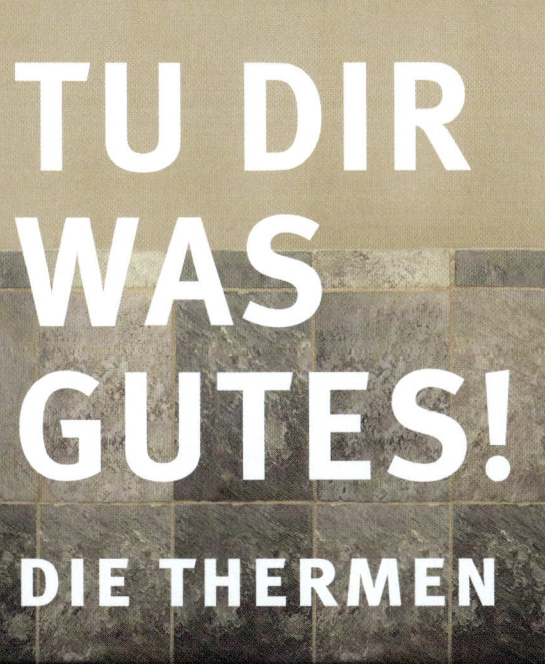

In der Klappergasse kann man in die Vergangenheit schauen: Dort unten verläuft ein Kanal für Wasser, das einst eine Mühle antrieb

Andreas Schaub wird an dieser Stelle vom Wissenschaftler zum Detektiv, er sammelt Indizien und verdichtet die Beweislage. Indiz Nummer eins ist der Keller eines Hauses in der Krämerstraße. Dort findet sich, neben Kartoffeln und Bierkisten, ein veritables Mauerstück aus – natürlich – römischen Quadern. Offenbar ist es nicht wiederverwendet worden, sondern steht dort seit der Antike. Und weiter oben am Markt weist eine solche Kellerwand eine leichte Rundung auf, die es als Teil einer viel größeren Anlage erscheinen lässt.

Zweites Indiz: Mitte des 18. Jahrhunderts wurde die Rathaustreppe erneuert. Schon damals gab es eine Anweisung, eventuelle archäologische Funde zu melden. Der Landesherr war einer der altertumsbegeisterten Adligen seiner Zeit. Und mit Altertum meinten sie immer: Rom. Die Arbeiter berichteten, sie hätten bei der Ausschachtung »eine große Freitreppe aus alter Zeit« vorgefunden. Was kann das gewesen sein?

Hinweis Nummer drei: Zur selben Zeit wurden auch bei der Sanierung des Marktbrunnens große alte Gewölbe gefunden, und das rundet die Indizienkette im wahrsten Sinne des Wortes ab: Die drei genannten Stellen bilden einen perfekten Halbkreis, dessen Mittelachse dem Gefälle des Platzes entspricht. In antiker Zeit betrug der Höhenunterschied auf dem Gelände des heutigen Marktes etwa sechs Meter – ideal zur Anlage eines Theaterhalbrunds. Ein römisches Theater in

Aachen – das wäre der endgültige Beweis, dass Aquae granni schon vor 1800 Jahren eine wichtige Stadt war. Nicht so bedeutend wie Trier oder Augsburg, aber sicher, wie Andreas Schaub sagt, »unter den Top ten in Deutschland« und weit mehr als ein Lager kränkelnder Soldaten.

Was läge also näher, als den Markt aufzugraben, einige Häuser und Teile des Rathauses abzubrechen und nachzuschauen, was darunterliegt? Die Genehmigung dafür würde selbst der Stadtarchäologe nicht bekommen, aber das will er natürlich auch gar nicht. Er kann sich auf die Kollegen von der RWTH verlassen: 2009 untersuchten sie das Gelände mit einem Georadar, einer Technik, die der ärztlichen Ultraschalluntersuchung ähnelt. Der Patient wartet noch auf die Ergebnisse, bisher wurde nur bekannt: Da unten ist etwas, was immer es sein mag.

Mag es ein Theater sein oder etwas anderes: Die Geschichte Aachens wird auf jeden Fall reicher und deutlicher erscheinen. Wie mit jedem Detail, das die Domfundamente freigeben, wie mit jedem Rundgang, den der Stadtarchäologe seinen Aachenern bietet, wie mit jedem der »Archäologischen Fenster«, durch die man in die Vergangenheit schauen kann.

In Aachen wird die Archäologie nie mehr das sein, was sie einmal war, und auch nicht das, als was sie in vielen Städten noch immer empfunden wird: als ein ärgerliches Hindernis bei der Verwirklichung von Bauvorhaben. Im Gegenteil: Aachen ist durch sie um viele Attraktionen reicher geworden. ■

Aachens neues
Wahrzeichen
der Wissenschaft

Überfluss und Überdruss: die »Supermarket Lady« des amerikanischen Bildhauers Duane Hanson (1970), auch »Mona Lisa von Aachen« genannt. Sie ist die polyestergewordene Satire auf eine Wohlstandsgesellschaft, für die Ästhetik keine große Rolle spielt, und so auch Sinnbild einer Epoche

Foto: Dennis Williamson

BEI DER MONA LISA VON AACHEN

Alles begann in der Kaiserstadt. Die Kunsthistoriker und Schokoladenfabrikanten Irene und Peter Ludwig begründeten hier ihr Kunstimperium, das heute in sieben Ländern vertreten ist. Ihr »Ludwig Forum« verankerte die Moderne in Aachen

TEXT RENATE PUVOGEL

Ist es der Weg zur Kunst, der von der Barriere verstellt ist? Ausgerechnet mit dem Namen »Medici«? Veralbern die jungen Leute die etablierte Kunst? Fragen über Fragen. Irene Ludwig schätzt das Gemälde von Franz Gertsch, das auf den ersten Blick wie ein riesiges Foto aussieht

MEDICI

Ludwig kaufte Werke jenseits der westlichen Normen und wurde damit zum Pionier im Kunstbetrieb

Peter Ludwig war weder ein bayerischer König noch ein russischer Zar, doch einem Fürsten gleich trug der Aachener Unternehmer und Kunsthistoriker mit seiner Frau Irene eine riesige Sammlung sehr unterschiedlicher Couleur zusammen. Sie umfasst Kunst der Antike, des Mittelalters und der Renaissance, der Klassischen Moderne und präkolumbischen Zeit – und vor allem internationale zeitgenössische Kunst.

Die Zahl gerade dieser Werke machte einen stets wachsenden Teil im Besitz des Paares aus. Um ihm eine würdige und öffentlich zugängliche Bleibe in der Heimatstadt der Ludwigs zu geben, ließ die Stadt Aachen die ehemalige Schirmfabrik Emil Brauer zu einem Ausstellungshaus für zeitgenössische Kunst umrüsten.

Peter Ludwig selbst hatte darauf bestanden, das 1991 eröffnete Haus nicht »Museum« oder »Kunsthaus«, sondern »Forum« zu nennen. Ludwig wollte Leben und Aktion an diesem Ort, Veranstaltungen, Vorträge und Workshops sollten ihn gemeinsam mit den Kunstwerken zu einer Stätte der Begegnung und Auseinandersetzung im Sinne einer »gelebten Zeitgenossenschaft« (Ludwig) machen. Dieser Wunsch wurde wahr.

Im Gegensatz zu anderen Privatsammlern, die ihren Kunstbesitz nur gelegentlich in Ausstellungen zeigen oder sich eigene Museen bauen, haben die Ludwigs ihre Erwerbungen immer als Anlass für öffentliche Diskussionen gesehen – und dies innerhalb eines umfassenderen kulturellen Angebots. Ein umgerüsteter Industriebau mit seiner variablen Raumstruktur ist für ein solches Programm wie gemacht, besser als jeder konventionelle Museumsbau.

Das von Josef Bachmann 1928 entworfene Fabrikgebäude ist eines der wenigen erhaltenen Beispiele innerstädtischer Industriearchitektur dieser Zeit. Der Aachener Architekt Fritz Eller hatte die schwierige Aufgabe, die Außenhaut des imposanten Baus mit ihren waagerechten Fensterbändern im Stil des »Neuen Bauens« und dem Sheddach zu bewahren und das Innere den neuen Aufgaben anzupassen, besonders dem Ineinandergreifen von Sammlung bzw. Ausstellungen und temporärem Programm.

Er löste das, indem er eine fast 3000 Quadratmeter große Halle mit einem zentralen Platz versah und mit offenen Räumen umgab. Eine Bühne, das »Space« als Veranstaltungsort, ein dreigeschossiger Anbau mit Restaurant und zwei Ausstellungsebenen ergänzen den Bau sowie alle Funktionsbereiche, die ein Museum braucht.

Schon lange vor der Eröffnung des Forums 1991 hatten Peter und Irene Ludwig die Sammlung europäischer und nordamerikanischer Kunst längst um Werke aus den seinerzeit sozialistischen Ländern erweitert. Handelte es sich seit Mitte der siebziger Jahre um Produktionen aus der DDR, so erwarben die Ludwigs kurz darauf auch Kunst aus der Sowjetunion, Ungarn, Bulgarien und Rumänien und Kuba. Es handelte sich nicht nur um Erwerbungen staatlich genehmer Kunst, sondern auch um Werke von Künstlern, die nach sowjetischer Anschauung Dissidenten waren. Diese Ankäufe lösten lebhafte Debatten über die künstlerische Qualität und kulturpolitische Relevanz und Brisanz der Ludwigschen Sammlungstätigkeit aus. Man stritt über Staatskunst und Soz-Art und das prekäre Vermengen von Politik, Kommerz und Kunst.

Peter Ludwig ging noch weiter. Er streckte seinen Arm nach China aus, kurz bevor er 1996 überraschend starb. In einer Mischung aus Kunstverstand, diplomatischem Geschick, Machtanspruch und missionarischem Eifer sah er es als seine kulturpolitische Aufgabe an, dem Westen die Kunst der Ostblockländer näher zu bringen und so den Weg zu einer internationalen Kultur globaler Dimension zu ebnen.

Der internationale Kunstbetrieb hat Ludwigs Pionierrolle, den Blick auf Kunstströmungen jenseits von westlich geprägten Normen zu richten, längst übernommen. Für das Ludwig Forum bedeutet dies bis heute, den Bestand unter veränderten Vorzeichen aufzubereiten und ihn in den jeweils aktuellen Kontext zu stellen. Als Harald Kunde 2002 die Direktion übernahm, konnte er daher auch auf die bis dahin üblichen Länderausstellungen verzichten und etwas Neues wagen: Er setzte neue Schwerpunkte mit großen Einzelausstellungen zu Künstlern internationalen Ranges – etwa Franz Gertsch, Matthias Weischer und Chuck Close.

Im Jahr 2007 wurde mit Ausstellung und Katalog der 80. Geburtstag von Irene Ludwig zelebriert. In ihrer offenen, herzlichen Art ist Irene Ludwig absolut präsent, aber sie wehrt sich entschieden dagegen, im Mittelpunkt zu stehen, »immer in der ersten Reihe zu sitzen«. Dem Forum fühlt sie sich tief verbunden und widmet sich seit dem Tode ihres Mannes mit Hingabe der neu gegründeten Peter und Irene Ludwig Stiftung, vor allem der Zusammenarbeit und Förderung der Ludwig-Museen mit deren unterschiedlichen Sammlungsschwerpunkten. Im Jahr 2000 vermachte Irene Ludwig der Stadt 68 Werke zeitgenössischer Kunst – darunter die 2004 restaurierte, liebevoll als »Mona Lisa Aachens« bewunderte »Supermarket Lady« von Duane Hanson sowie Roy Lichtensteins Gemälde »Pow Wow«.

Wie kam es dazu, dass die Ludwigs gemeinsam eine international vertretene Kunstsammlung aufbauen konnten – außer in Aachen mit Museen und Institutionen in Köln, Oberhausen, Bamberg, Koblenz, Saarlouis, St. Petersburg, Wien, Budapest und Basel und Peking? Die gebürtige Aachenerin Irene Monheim hatte Peter Ludwig kennengelernt, als beide in Mainz Kunstgeschichte studierten. Sie war es, durch die ihr späterer Ehemann Geschäftsführer der Aachener Schokoladenfabrik Monheim (»Trumpf«) wurde. Als wohlhabende Bürger Aachens fühlten sich die Ludwigs dazu aufgerufen, ihre Erwerbungen mäzenatisch der Öffentlichkeit dauerhaft zugänglich zu machen. Die Sammler vergaben weltweit Schenkungen und Leihgaben, es wurden Museen gegründet und nach ihnen benannt.

Für Aufsehen sorgten Peter und Irene Ludwig, als sie sich Mitte der sechziger Jahre überraschend der aktuellen Kunst aus Europa und insbesondere den USA zuwendeten. Nach der spektakulären Ausstellung mit Werken der Pop-Art und des Neuen Realismus im Aachener Suermondt-

Museum 1968 – Kunstwerke, die teilweise ins Kölner Museum Ludwig abwanderten – kam die Einsicht, für die wachsende Sammlung zeitgenössischer Kunst ein eigenes Ausstellungshaus in ihrer Heimatstadt einzurichten. »Es galt«, sagt Irene Ludwig, »die Moderne in Aachen zu verankern.«

So wurde 1970 die »Neue Galerie – Sammlung Ludwig« in dem von Jakob Couven entworfenen »Alten Kurhaus« eröffnet. Als Leiter dieses Vorgängerinstituts des Ludwig Forums wurde der Kunsthistoriker Wolfgang Becker gewonnen. Er war der richtige Mann zur richtigen Zeit: In den politisch, gesellschaftlich und kulturell aufregenden siebziger Jahren verstand er es, Präsentationen von Neuerwerbungen Ludwigs durch ein reiches Ausstellungs- und Veranstaltungsprogramm aktueller Strömungen zu ergänzen und so aus dem Haus und späteren Forum ein dauerndes Experimentierfeld zu machen. Vor allem die seinerzeit noch wenig erprobte Videokunst samt Installationen und Performances fand hier eine Plattform.

Das Ludwig Forum verfügt heute über eine große Sammlung von Videos von ihren Anfängen bis hin zu jüngsten Produktionen. Da die empfindlichen Schätze größtenteils brach lagen und dringend restauriert werden mussten, nahm Direktorin Brigitte Franzen (seit 2009) die Film- und Videokunst in den Focus ihres ersten Jahresprogramms. Künftige Programme orientieren sich an einem jährlich wechselnden Leitmotiv. Dabei sollen sie die Kunstströmungen der zweiten Hälfte des 20. Jahrhunderts anhand der Sammlung experimentell erkunden und diesem Bestand aktuelle Positionen und zeitgenössische Themen gegenüberstellen. Das neu gegründete Grafische Kabinett wird dabei einbezogen.

In den großzügigen Atelierräumen der pädagogischen Abteilung sind das Künstlerprogramm mit Kunstkursen ebenso gut aufgehoben wie Schulkooperationen. Die Kunstvermittlung wird künftig noch enger mit dem Programm des Hauses verknüpft, etwa mit eigens dafür konzipierten Ausstellungen der Gegenwartskunst. Der zeitweise vernachlässigte Skulpturengarten lässt sich durch eine Neugestaltung

durch das Büro »atelier le balto« in das Programm des Forums integrieren.

Auch thematisch geht die Aachener Kunstinstitution neue Wege und erreicht damit neue Interessenten: So hat sich das jährlich im Frühjahr stattfindende »Schrittmacher«-Festival junger Tanzkunst einen Namen gemacht, und der von der Peter und Irene Ludwig Stiftung ins Leben gerufene »Innovationspreis darstellende Kunst« hat seit 1995 so renommierte Künstler wie Laurie Anderson, den Regisseur Peter Greenaway und für 2009 die Jazzlegende Abdullah Ibrahim ausgezeichnet.

Besondere Unterstützung erhält das Ludwig Forum vom Förderverein der Freunde des Ludwig Forums. Sein bedeutsamstes Verdienst ist, dass er den »Kunstpreis Aachen« ins Leben rief. Alle zwei Jahre werden namhafte Künstler geehrt, etwa Ilya Kabakov, On Kawara, Katharina Fritsch, Tacita Dean oder Andreas Slominski. 2010 steht die Verleihung zum 14. Mal an.

Mit seinem Gesamtprogramm überschreitet das Ludwig Forum die kunsthistorisch sanktionierten Grenzen in Richtung Video, Film, Musik, Licht, Raum und Architektur. Und damit löst es ideal die Vorstellung von Peter und Irene Ludwig ein, im Ludwig Forum den passiven Konsumenten zu einem aktiven Mitgestalter zu machen. ∎

Zylinder und Pferdestär

Einmal in Aachen starten. Oder wenigstens dabeisein, wenn die zehn Turniertage 500 Pferde, 300 Reiter und 350 000 Zuschauer aus aller Welt vereinen. Eigentlich kann es beim CHIO nur Gewinner geben

TEXT STEFAN AUST FOTOS THOMAS SCHWEIGERT

ken

A

achen. Für die Pferde-
freunde ist das, nein, nicht wie Wim-
bledon für die Tennisspieler. Eher wie
Mekka für die Moslems. Nicht, dass
sie sich alle jeden Tag in Richtung Aachen verneigen. Aber dran denken:
einmal in Aachen starten. Einmal als
Reiter. Einmal als Pferdezüchter dort
ein Pferd aus eigener Zucht starten sehen. Oder platziert sein oder gewin-
nen. Immerhin schaffen das jedes Jahr
einige Reiter.

Die Hindernisse beim Springrei-
ten scheinen hier höher als anderswo.
Die Begeisterung des Publikums ist
größer. Die Aufmerksamkeit in der
globalen Pferdeszene ist größer. Wer
in Aachen gewonnen hat, bleibt in
Erinnerung. Mehr als Goldmedail-
lengewinner bei olympischen Spielen,
mehr noch als Oscar-Gewinner in
Hollywood. Und dabei geht es nur um
Pferde und um deren Reiter. Und die
Hindernisse sind natürlich auch nicht
höher als anderswo. Nur gedacht sind
sie höher. Und das liegt am Publikum.

Der Pferdesport hat viele Anhän-
ger. Vor allem in Deutschland. Jedes
Wochenende treffen sich in deutschen
Städten und Dörfern Tausende von
Jugendlichen zum Wettkampf auf dem
Rücken von Pferden. Zur Dressur,
zum Springen, zur Vielseitigkeit. Und
meistens besteht das Publikum aus
der nahen Verwandtschaft, Eltern, die
als »TT« (Turniertrottel) den beritte-
nen Nachwuchs betreuen, sowie aus
dem sozialen Umfeld der Reitver-
eine. Da kommt es vor, dass mehr
Reiter und Pferde vertreten sind als
Zuschauer. Und selbst auf den großen Turnieren ist die Zahl der Besucher durchaus überschaubar. Doch es
gibt einige Ausnahmen: das Spring-
und Dressur-Derby in Hamburg etwa
– und eben Aachen.

Das CHIO (Concours Hippique
International Officiel) ist das zen-
trale Ereignis der Kaiserstadt, das
Turnier der Aachener Bevölkerung,
die praktisch geschlossen am Reit-
sportfestival teilnimmt. Nur hier ist die
Begeisterung bei einem Pferdesport-
Event vergleichbar mit der in einem
Fußballstadion, natürlich pferdesport-

Das Mekka der Reitsportszene: CHIO-Eröffnungsfeier 2009

Franziska van Almsick. Überreichte später den Medienpreis

Turnier der Superlative für Fans und Stars

mäßig zivilisiert. Um die 40 000 Zuschauer im Stadion begleiten die Springreiter und deren Pferde mit angehaltenem Atem bei ihrer Tour über die Hindernisse, spenden Beifall für Sieger oder Platzierte, geben Trost für die an Triplebarre oder Oxer Gescheiterten.

Schon der Eröffnungsabend mit jeweils einem Partnerland ist eine hippologische Monsterveranstaltung. Die ganze Geschichte der manchmal heiligen, manchmal unheiligen Allianz zwischen Mensch und Pferd wird hier rekapituliert. Massenaufmärsche von Kavallerie, Dressurquadrillen, Pony- und Großpferde-Kutschen, Renn- und Vielseitigkeitspferden, Polizeireitern und Voltigierern des Gastlandes geben einen Eindruck von Gegenwart und Geschichte des Reitsports. Und auch Politik und Gesellschaft sind mit von der Partie. Es ist Dienstag, der Abend der Medien. Das »Silberne Pferd« wird verliehen für herausragende Berichterstattung über den Reitsport. Kanzle-

rin und Minister sind da, die Begum, der Printenkönig von Aachen in Begleitung diverser Starlets, ZDF und WDR, natürlich die Gesellschaft von Rhein und Ruhr. Und alles, was in der Reitsportszene Rang, Namen und Medaillen hat. Ein *meet and greet* der Pferdebegeisterten, wie man es kaum irgendwo sonst auf der Welt findet.

350 000 Zuschauer verfolgen an den zehn Turniertagen die Wettkämpfe. Es ist – nach Zuschauerzahlen – nicht nur die größte regelmäßige Reitsportveranstaltung Deutschlands, es ist, gemessen an der Zahl zahlender Besucher, die größte Veranstaltung in Deutschland überhaupt. Nur wenn der Papst nach Köln kommt, sind mehr Besucher dort – aber die bezahlen auch keinen Eintritt.

Mehr als 500 Journalisten berichten aus der Soers, diesem ländlichen Randbereich der Stadt Aachen. Rund 340 Stunden werden Fernsehbilder in alle Welt übertragen. Sogar zur Primetime im deutschen Fernsehen. Die Weltmeisterschaften, die 2006 in Aachen

stattfanden, brachten den Durchbruch. In zäher Verhandlungsarbeit brachte Michael Mronz, Geschäftsführer der Aachener Reitturnier GmbH, ARD und ZDF dazu, Sendezeit am Abend für den Nationenpreis der Springreiter freizuräumen. Als das geschafft war, überraschte er das Präsidium des Turniers mit dieser guten Nachricht.

Die schlechte Nachricht war: Es gab kein Flutlicht auf dem großen Turnierplatz. Also musste nachgerüstet werden. Das kostete Millionen. Aber es war eine Investition in die Zukunft. Fernsehen ist Abendprogramm. Und wenn der Reitsport im Wettstreit mit Fußball auch nur ansatzweise mithalten will, müssen seine Höhepunkte in der Primetime des Fernsehens gezeigt werden.

Spannung bei der Springprüfung der Vielseitigkeitsreiter

Ja, wo laufen sie denn? Auch das Rahmenprogramm zählt

Das Turnier wächst und wächst. Über 1,5 Millionen Euro beträgt die Gesamtsumme des Preisgeldes. Doch trotz aller Investitionen »wollen wir ein Volksfest bleiben«, verspricht Klaus Pavel, Präsident des Aachen-Laurensberger Rennvereins. »Ein Ort, an dem sich Zuschauer und Sportler wohlfühlen. Wo phantastischer Sport zu erleben ist und man alte Bekannte auf dem Turniergelände trifft.«

So trifft sich jedes Jahr in Aachen die gesamte Spitze des Pferdesports der Welt. Rund 500 Pferde und 300 Sportler aus über 20 Nationen gehen an den Start – in fünf Disziplinen: Springen, Dressur, Vielseitigkeit, Fahren und Voltigieren. Und dazu natürlich alle *has been* der Vergangenheit, die Stars der Reiterei, die heute von Hans Günter Winkler bis Paul Schockemöhle hinter den Kulissen präsent sind. Ein Familientreffen, auf dem nicht nur Freundlichkeiten ausgetauscht werden, sondern auch knallharte Geschäfte gemacht werden. Denn die meisten Reiter der Gegenwart und

Vergangenheit sind nicht nur Sportler, sie sind auch Pferdehändler.

Während von der Teilnehmertribüne aus die halsbrecherischen Sprünge über 1,60 Meter hohe Hindernisse beobachtet werden, diskutiert man über neue »Kracher«, Superpferde, die frisch im Sport aufgetaucht sind, über die Auswahl der Teams für Olympia, neue Dopingfälle oder die umstrittenen Trainingsmethoden der holländischen Dressurreiter. »Ein Reiter ohne Pferd ist nur ein Mensch«, hat der berühmteste Pferdesport-Journalist und Kommentator Hans-Heinrich Isenbart gesagt. „Ein Pferd dagegen bleibt immer ein Pferd." Vor allem, wenn es einmal in Aachen gestartet ist.

Und am Ende ist es am schönsten. Wenn der Große Preis von Aachen gewonnen ist, die Freude unbeschreiblich und die Enttäuschung ungeheuer, dann schlägt die ganz große Stunde des Publikums. Und wer bis dahin ausgehalten hat, dem kommen – sofern er nah am Wassergraben gebaut ist – leicht die Tränen. Dann ziehen die

Nationen noch einmal durch das Stadion, alle miteinander, Gewinner und Verlierer auf ihren Pferden.

Und das Publikum winkt tausendfach mit weißen Taschentüchern. Abschied von Aachen. Bis zum nächsten Jahr. Und auch dann wird es wahrscheinlich wieder regnen. Wie fast jedes Mal, wenn in der Soers die Reiter und die Pferde darum kämpfen, die besten zu sein. ∎

Stefan Aust, Journalist und früherer Chefredakteur des Spiegel, *ist Pferdezüchter und sitzt im Beirat des Aachen-Laurensberger Rennvereins e.V.*

Tendenz zur Tragödie

Ein Extremist des deutschen Fußballs: Aachens Alemannia hat ein Abonnement auf Grotesken und Skandale, auf die schönsten Pleiten und Rekorde

TEXT **BERND MÜLLENDER**

Alemannia steht für Exzessivität, für groteske Schicksalsschläge und Führungstölpelei, für Sensationen, Skandale und Schlagzeilen. 1984 verschwand der Präsident, ein Immobilienlöwe, über Nacht nach Kanada. Über die Mitgliederversammlung im Januar 1989 schreibt die Vereinschronik kühl: »Nach heftigen persönlichen Angriffen der Opposition gegen Geschäftsführer Bert Schütt sank dieser mit einem Herzanfall auf der Bühne zusammen und verstarb noch während der Versammlung.« In der Saison 1989/90 engagierte man zu erstenmal im deutschen Profifußball einen türkischen Coach, den Startrainer Mustafa Denizli, um endlich nach 1970 in die Bundesliga zurückzukehren – und dann stieg Aachen ab. Unfassbar! Alemannia in der dritten Liga! Neun Jahre!

Im Mai 1999 fehlte noch ein Sieg zum Wiederaufstieg in die Zweitliga. Da brach, fünf Tage vor dem entscheidenden Spieltag, der allseits verehrte Trainer Werner Fuchs beim Waldlauf mit dem Team tot zusammen. Der Aufstieg gelang, mit dicken Tränen statt Jubel – auch die Fans spürten den ganz besonderen Schmerz in der unterdrückten Verzückung. Der Sarg des Trainers wurde zur Trauerfeier im Dom zu Aachen aufgebahrt – wie sonst nur der eines Bischofs. Sportdirektor Schmadtke sagte später, Alemannia habe »eine Tendenz zur Tragödie«.

Wahrscheinlich ist es der Fußballgott persönlich, der das Alemannia-Dasein seit jeher inszeniert. Die Rückkehr in die Bundesliga, quasi die fußballerische Wiedergeburt, fand 2006 am Ostersonntag statt – wie passend für eine Bischofsstadt. Kaum war der erste Bundesligasieg seit 1970 geschafft (3:0 in Hannover), da kaufte, wieder ein Novum im deutschen Fußball, ausgerechnet der Gegner Trainer Dieter Hecking weg. Immer ist Alemannia extremistisch. Das schnellste Tor bei Anstoß des Gegners – Miro Spizak im November 2002 gegen Union Berlin: nach 7,7 Sekunden. Und noch nie hat jemand, soweit bekannt, mit einem einzigen Schuss Latte und beide Pfosten getroffen – außer Erik Meijer 2004 in Cottbus.

Überhaupt 2004! Es begann, nach Fanausschreitungen, mit dem ersten zuschauerfreien »Geisterspiel« im deutschen Profifußball, bei dem mehr Ordner (450) die Leere auf den Tribünen sicherstellten als sonst ein Spiel mit 20 000 Leuten bewachen. Nach dem 2:1 im Pokalviertelfinale gegen den FC Bayern schlagzeilte die *Aachener Zeitung* übermütig: »Die beste Elf der Welt trifft auf eine noch bessere.« Es folgten der Halbfinalsieg gegen den verhassten Nachbarn aus Mönchengladbach (1:0), das gefeierte Pokalfinale (trotz 2:3 gegen Bremen) und triumphale acht Auftritte im Uefa-Cup

mit Reisen nach Reykjavík, Sevilla und Athen. 2004 war kein deutscher Fußballklub häufiger live im Free-TV zu sehen als Zweitligist Alemannia Aachen. Zwei Jahre zuvor waren dessen Spieler noch mit der Sammelbüchse durch die Fußgängerzone gezogen, weil es bei der akut drohenden Insolvenz auf jeden Euro ankam. Erstklässler hatten auf der Geschäftsstelle ihre Sparschweine abgeliefert.

Im Dezember 2006 konnte man sich nach dem neuen Spektakel gegen die Bayern (4:2) Rekordpokalsiegerrekordrauswerfer nennen. Zwei Monate später gelang sogar der dritte Heimsieg in Folge gegen den FC Ruhmreich (1:0, diesmal in der Bundesliga und, wie schön, zu Karneval). Kurz darauf stand der Abstieg fest.

Ihre Spiele hat die Alemannia bis Mai 2009 in einem heißgeliebten Unikum von Stadion zelebriert: dem alten Tivoli. Eine charmante Bruchbude von 1928, immer laut, mit schiefen Tribünen und den naturbelassenen Umkleiden aus den fünfziger Jahren. Der Umzug ins neue Stadion konnte kaum alemannianischer danebengehen: 0:5 bei der Premiere, die höchste Heimniederlage seit 62 Jahren, ein (freude)trunkener St.-Pauli-Fan stürzte über die knapp gehaltene Bande fast in den Tod. Immerhin wurde Alemannia Ende 2009 zur stolzen Nummer 1 – in der Ewigen Tabelle der zweiten Liga.

Reisetipp für Aachen und Nordeifel: Besuchen Sie mal einen Kiosk.

Foto: Stephan Fengler

Große Printen-Parade

Tausend Jahre alt und immer noch knackig: »Aachens Nationalgebäck« war einst der pure Luxus. Verführerisch ist es heute noch – und das nicht nur zur Weihnachtszeit

TEXT **HOLGER IBURG**

van den Daele
Printenhaus

AACHENER PRINTEN

AACHENER PRINTEN

In der Konditorei van den Daele gibt's Printen in jeder Form und allen Härten – auch nach historischen Formen gefertigt

Das Rezept bleibt ein Geheimnis

Da weiß man, was man hat. Das »Printenmädchen« von Hubert Löneke am Eingang zur Körbergasse

Ausnahmsweise hat die Aachener Printe mit Karl dem Großen nichts zu schaffen, auch wenn sie »Botschafterin der Kaiserstadt« genannt wird. Von »Aachens Nationalgebäck« sprach Jürgen Linden, der langjährige Oberbürgermeister. Da hat er recht, in Aachen und in der Region ist das köstliche, würzig duftende Backwerk in aller Munde, und eben nicht nur zur Weihnachtszeit.

Den Ursprüngen der Leckerei spürt Werner Setzen in seinem »Aachener Printenbrevier« nach. Der Hobbyhistoriker stieß im rund 150 Kilometer entfernten belgischen Städtchen Dinant auf frühe Spuren: Bereits um das Jahr 1000 wurden dort die Vorgänger der Printen gebacken. Das zu religiösen Anlässen in Gestalt von Menschen, Tieren oder Symbolen hergestellte »Gebildbrot« und ein in den Ostkantonen Belgiens mit Honig gebackener Teig seien wohl die Ausgangsmaterialien gewesen. In späteren Kriegswirren geflüchtete und zugewanderte Bürger und Handwerker brachten dann Teig und Formen zwischen dem 16. und 17. Jahrhundert nach Aachen.

Nach der Entdeckung Amerikas kam der Kolonialhandel auf Touren. Rohrzucker aus Übersee konnte nun mit exotischen Zutaten wie Zimt aus Ceylon, Ingwer aus China, Mandeln aus Spanien oder Anis aus dem Mittelmeerraum zu einer für damalige Verhältnisse luxuriösen Nascherei vermischt werden. Was genau den Mix macht, wird bis auf den heutigen Tag als Betriebsgeheimnis von jedem der zahlreichen Aachener Printenbäcker-Betriebe streng gehütet.

Die ursprünglichen Kräuter-Printen waren, anders als das heutige, zahnfreundlichere Weichgebäck, knüppelhart. Denn ohne Fett und Eier hergestellt, reifte der Teig aus dunklem Mehl, Farinzucker, Kandis, Rübensirup und Gewürzen lange. Fast ein Jahr, so wird berichtet, lagerte der Teig einst in kühlen Kellergewölben.

Für eine derart ausgetrocknete Mischung musste zwecks Weiterverarbeitung richtiges Werkzeug her. Mit schweren eisernen Schaufeln und blechbeschlagenen Pressen rückte man der Teigmasse zu Laibe. Sie wurde in vorgefertigte Holzformen, die sogenannten Modeln, gepresst und behielt deren Prägung und Relief auch nach dem Backen bei. Im Heimatmuseum auf der Burg Frankenberg sind kunstvolle Printenmodeln zu bestaunen. Sie zeigen – natürlich – Karl den Großen, aber auch Ritter, Heiligenfiguren, Staatskarossen und Liebesherzen wurden oft und gern ins Holz geschnitzt. Den Teig in diese Formen zu drücken und zu pressen, hieß »prenten« oder »printen« und gab dem Backwerk seinen Namen.

Die Erfindung einer viel bissfreundlicheren Weichprinte verdanken die Aachener Kaiser Napoleon. Seine 1806 verhängte Kontinentalsperre gegen England hatte für die Printenbäcker in der Domstadt fatale Folgen: Sie erhielten keinen Rohrzucker und keinen Wildblütenhonig aus Übersee mehr. Da begann der Sage nach Henry Lambertz IV. mit Rübensaft und dunklem raffinierten Rübenzucker zu experimentieren. Am Ende zahlreicher Versuche fand er – man schrieb das Jahr 1820, die Kontinentalsperre war aufgehoben – die richtige Mischung. Der Erfinder tat sich zudem produktionstechnisch hervor: Er rollte den Teig platt aus und schnitt ihn in Rechtecke. Geboren war die Kräuter-Printe. Diese Printen eigneten sich auch wesentlich besser zum Versand. Und 1872 tauchte ein Nachfahr des Kräuter-Printen-Erfinders ein Rechteck in Schokolade und kreierte so die erste deutsche Schokoprinte.

In den historischen Alt Aachener Kaffee- & Weinstuben Leo van den Daele findet sich eine interessante Sammlung Aachener Bildprinten. Die vier schönen, zusammenhängenden

Ikonen

& Helden

Von zart bis hart: Bei Klein am Münsterplatz heißt es
erst probieren, dann entscheiden

Selbst die Wurst duftet nach Printen

Gebäude der Konditorei nahe dem Marktplatz stammen aus dem Jahre 1655. Leo van den Daele kam aus dem belgischen Gent und gründete hier 1890 eine Konditorei. Er mischte nicht nur eigene Rezepturen, sondern wurde auch für seine kunstvollen Printen- und Spekulatiusfiguren bekannt. Das brachte ihm den Beinamen »Printenbaron« ein.

In den verwinkelten Räumen des Gebäudekomplexes hat die Familie im Laufe vieler Jahre eine erkleckliche Zahl von Printenmodeln, Waffeleisen und historischen Einrichtungsgegenständen zusammengetragen. Printenfreunde kommen hier auch im Sommer auf ihre Kosten, wenn sie einige der hauseigenen Spezialitäten auf der Terrasse mit Ausblick auf den Aachener Dom genießen.

Die Herkunftsbezeichnung Aachener Printen dürfen nur Backwaren aus der Domstadt und von einigen Bäckern aus den umliegenden Orten Würselen, Alsdorf, Baesweiler, Roetgen oder Stolberg führen. Die geschützte geografische Angabe für die regionale Spezialität ist von der EU geschützt – wie Nürnberger Lebkuchen oder oder das Bunte Bentheimer Schwein. Große Popularität zieht naturgemäß Nachahmer an – und die verbinden den würzigen Geschmack auch mit anderen Lebensmitteln: Printeneis, Printenleberwurst, Printenpastete, Printentee und Printenlikör sind nur einige der Spezialitäten, die es in Aachen zu kaufen gibt. Es bleibt dem Besucher überlassen, davon zu kosten.

Die große Stunde der Printen schlägt natürlich in der Weihnachtszeit. Wer dann durch die engen Altstadtgassen schlendert, dem wehen an vielen Ecken warme Gewürzdüfte in die Nase. Glitzernde Zellophantüten und prächtige Geschenkdosen in den Auslagen locken die Menschen in die Geschäfte.

Am Münsterplatz befindet sich eine der größten Filialen der Bäckerei und Konditorei Nobis. Die Familie stellt seit seit 1858 in vierter Generation ihre Printenmischung her. »Wir verwenden unter anderem Zimt, Koriander und Kardamon. Unsere Printen werden fast nur von Hand gebacken«, erklärt Inhaber Michael Nobis. »Und unsere traditionelle, vielfach prämiierte Kräuterprinte bereiten wir mit Edelzartbitterschokolade zu, die einen siebzigprozentigen Kakaoanteil hat.« Beim Hineinbeißen stoßen Zunge und Zahn auch auf geröstete Mandeln oder Haselnüsse. Dass die Firma Nobis ihr Handwerk versteht, zeigen die vielen Auszeichnungen. Das Gourmet-Magazin DER FEINSCHMECKER adelte die Traditionsbäckerei schon 2004 als »eine der besten Deutschlands«. Ebenfalls in der Altstadt, am Marschiertor, bietet die Aachener Printenbäcker-Familie Klein in der vierten Generation ihr Gebäck an.

Es waren die Weichprinten, die den Weg des Gebäcks in die Massenmärkte jenseits der Aachener Grenzen öffneten. Traditionalisten aber schwören bis heute auf die Hartprinte. Kenner genießen sie in kleinen, abgebrochenen Stücken, die sie im Mund langsam zergehen lassen. Und das rund ums Jahr und manchmal schon zum Frühstück. ∎

EUROGRESS AACHEN -
der Veranstaltungsort in der Euregio

Unvergleichliche Erlebnisse zu vermitteln gehört im **EUROGRESS** Aachen zur Philosophie. Sei es bei abwechslungsreichen Kunstausstellungen, vielfältigen Konzerten und ganz besonders bei Kongressen und Tagungen.

Hier finden Sie die perfekten Tagungs- und Kongressräumlichkeiten, für bis zu 3.000 Teilnehmer, ergänzt durch direkten Zugang zu einem First Class Hotel.

Im **EUROGRESS** Aachen stehen Ihnen nicht nur die modernste technische Ausstattung und eine absolut flexible Raumaufteilung zur Verfügung, sondern auch großzügige Foyerflächen, die eine tagungsbegleitende Ausstellung, auch für Ihre Kunden, zum gewünschten Erfolg werden lassen.

Im gastronomischen Bereich verwöhnt Sie und Ihre Gäste ein in allen Events erprobtes Catering Team mit kulinarischen Genüssen und zuvorkommendem Service.

Die optimale Lage in unmittelbarer Nähe zum Stadtzentrum, innerhalb des Aachener Kurparks, bildet einen unverwechselbaren Rahmen für Veranstaltungen jeder Art.

Nach einer arbeitsreichen Tagung bietet Ihnen die historische Kaiserstadt mit einzigartigem Flair abwechslungsreiche Angebote zur Entspannung und Vergnügung.

Die geographische Lage im Dreiländer-Eck, Niederlande-Belgien-Deutschland, der so genannten Euregio, macht das Kongresszentrum **EUROGRESS** Aachen zum idealen Tagungsort.

Optimale Verkehrsanbindungen per Zug, Pkw, Flugzeug oder im ÖPNV runden das Erfolg versprechende Angebot ab.

Kontakt:

EUROGRESS Aachen
Monheimsallee 48
52062 Aachen
T +(49) 241 91 31 100
F +(49) 241 91 31 200

Info@Eurogress-Aachen.de
www.eurogress-aachen.de

Freies Feld für Radler:
Wer das belgische Örtchen
Sippenaeken hinter sich
gelassen hat, fährt durch
»'t Veld« Richtung Epen

Grüne Grenzen

Einmal mit dem Rad über alle Berge fahren, andere Länder
sehen, fremde Sprachen hören? Das kann verblüffend einfach
sein: Willkommen im Dreiländereck

TEXT **CHRISTIAN SYWOTTEK** FOTOS **DENNIS WILLIAMSON**

Die Kirche im Dorf: Das alte Benediktinerkloster St. Kornelius ist nicht nur geographisch der Mittelpunkt des deutschen Örtchens, es gab Kornelimünster auch den Namen

Deutschland: Wo der Radler sich Milch auf der Wiese zapft

1. Etappe Aachen–Raeren–Eupen

»Ist doch herrlich hier, oder?«, sagt Karl zu Erhard. Da sitzen sie in ihren Trainingsanzügen auf der Bank an der alten Vennbahntrasse, die heute ein Radweg ist, Morgensonne im Gesicht, satte Wiesen im Rücken, rechts und links lehnen ihre Fahrräder. Haushohe Hecken halten den Wind ab. »Wir warten auf Willi«, sagt Karl, »aber der braucht etwas länger mit seiner Prothese.« Freund Willi ist auch schon um die 80 Jahre alt, und die drei treffen sich jeden Morgen auf dieser Bank, ein paar Kilometer südlich von Aachen. »Wir haben uns hier kennengelernt«, meint Erhard, »und jetzt sind wir jeden Tag hier. Radeln hält uns fit.«

Mein Blick schweift über die Landschaft. Dorthin, wo Deutschland, Belgien und die Niederlande zusammenfinden im Dreiländereck südwestlich von Aachen. Wo die Menschen deutsch, niederländisch und französisch reden und wo das kaum etwas mit den Landesgrenzen zu tun hat. Auf und ab rollen die wiesenfetten Hügel, Vögel zwitschern, Bäume ragen in den blauweißen Himmel. Schon die Kilometer auf der ehemaligen Bahntrasse vergingen wie im Flug, aber als ich Karl und Erhard hinter mir lasse, rase ich das letzte Stück des Vennbahnradwegs hinunter nach Kornelimünster. Klar, hinterher muss

Bergurlaub in den Niederlanden: Das Epener Hotel De Smidse liegt in Südlimburg, der höchsten Region der Niederlande. Knapp 200 Meter über Normalnull

1 Ruhiges Pflaster und blühendes Leben: die Altstadt von Kornelimünster
2 Burgfrieden: Die Wasserburg in Raeren beherbergt ein Töpfereimuseum
3 Grenzbereich: Im belgischen Eupen wird Deutsch gesprochen
4 Chardonnay aus Holland: die Winzer Gertje Hahn und Wolfgang Kraus in den Reben bei Epen

ich wieder nach oben, aber zuerst hole ich mir einen Kaffee im Bäckerladen von Frau Shahbazi, hocke mich auf den gepflasterten Marktplatz. Morgenruhe liegt über der ehemaligen Benediktinerabtei und den wettergegerbten Häusern aus Naturstein. Efeu und Stockrosen ranken sich empor. Ein Falke flüchtet von der Kirche am Platz, und die älteren Herren grüßen freundlich, wenn sie sich die Zeitung holen.

Bauernland umfängt mich, als ich wieder oben bin. Schnurgerade wellt sich die Schotterpiste in Richtung Raeren. Die Wiesen fallen ab und geben den Blick frei auf ewigen Himmel und grünschwarzen Wald. Hinter den flechtenbewachsenen Betonpyramiden des Westwalls, des Verteidigungsbollwerks des Nazi-Reichs, reihen sich Bauernhöfe aneinander. Einer davon gehört Familie Kronenberg, und die ist in eine neue Zeit aufgebrochen. Unter einem Holzdach haben die Milchbauern einen stahlblitzenden Automaten aufgestellt: Milch zum Selberzapfen. Radler tanken hier auf, Autofahrer machen einen Abstecher. »Es läuft gut«, sagt Frau Kronenberg, und dann zeigt ihr Finger geradeaus. »Da hinten ist schon Belgien, aber das merken Sie gar nicht.«

Kein Schild, kein Stein markiert die Grenze. Nur an den Nummernschildern der Autos merke ich, dass ich in Belgien bin. Über geflickten Asphalt rumpele ich nach Raeren. Schweiß perlt auf meiner Stirn, als ich in den Ort hineinrolle. Kinder spielen hier in den Straßenbäumen und zanken sich dabei auf Deutsch. Ja, auf Deutsch, denn Raeren liegt im deutschsprachigen Teil Belgiens. Fast die Hälfte der Einwohner sind Deutsche, die Häuser sind billiger als jenseits der Grenze, und mancher zieht hierher, weil das Leben etwas lockerer, leichtgängiger sein soll als in Deutschland.

Das Radfahren allerdings nicht. Wieder liegt ein Berg vor mir. »Wir können die Hügel ja nicht tieferlegen«, meint ein Spaziergänger am Wegrand. Bald schließt mich dichter Wald ein. Oben ein Wegkreuz, ein Schild fordert dreisprachig, dass Hunde an der Leine zu führen seien. Farn und Fingerhut wedeln im leichten Wind. Tief sauge ich den Nadelwaldduft ein.

Eine halbe Stunde später bin ich in der Hauptstadt Ostbelgiens – wobei Eupen nicht gerade wie eine Metropole aussieht. Nur 18 000 Einwohner verteilen sich auf diversen Hügeln, Katzen putzen sich

1 Freie Plätze:
Installation am alten
Zollhaus »Köpfchen«
2 Sanfte Höhen:
Bei Epen tragen
Hotels Namen wie
»Berg und Tal«
oder »Alpensicht«
3 Liebesnest:
Der Sage nach hat
sich eine Tochter
Kaiser Karls in der
Eyneburg in Hergen-
rath mit ihrem
Geliebten getroffen
4 Brückenschlag
im Krieg: Gefangene
bauten 1916
den über einen Kilo-
meter langen
Viadukt in Moresnet

auf den Dächern der Backsteinhäuser, auf dem Marktplatz schlecken Omas Eis unter mächtigen Linden. Eupen ist Sitz der autonomen Deutschsprachigen Gemeinschaft Belgiens. »Ein Ministerpräsident, drei Minister und hunderte Angestellte«, stöhnt Herbert Thierron, Eupener von Geburt, »ob das wirklich nötig ist?« Er führt mich durch die Einkaufsstraße, vorbei an den trutzig-verzierten Backsteinresidenzen der Tuchhändler. Sie haben Eupen einst reich gemacht, heute residieren dort die Politiker. »Na ja«, meint Thierron, »die haben wenigstens das Geld, um die Häuser in Schuss zu halten.«

Belgien: Der Grenzposten ist längst Kulturzentrum
2. Etappe Eupen–»Köpfchen«–Göhltal– Sippenaeken–Epen

Als ich am nächsten Morgen aufbreche, flattert mein Schatten mit mir über das Hochplateau, auf einem Schotterweg mitten durch Maisfelder und Wiesen. Grenzenlos ist die Weite, eine Staubfahne

steigt hinter mir auf. Der Rückenwind schiebt mich bis Rabotrath. Drei Bauernhöfe in einer Senke, ein Schild: Vorsicht Gänse! Mittendrin eine Kapelle für den heiligen Quirinus. Eine Marmorplatte trägt eine deutsche Inschrift: »Er wird verehrt von allen Landwirten und angerufen bei allen Hautleiden.«

Ich fahre Richtung Osten, hin zur belgisch-deutschen Grenze, zum Grenzübergang »Köpfchen«, nur sechs Kilometer entfernt vom Aachener Dom. Noch immer steht das gläserne Kabuff der belgischen Grenzer auf der Straße, doch der Grenzpunkt ist zum Verbindungsglied geworden. KuKuK – Kunst und Kultur im Köpfchen, so heißt der Verein, der sich den Kontrollposten gesichert hat. Deutsche und Belgier machen gemeinsam Kunst, veranstalten Vorträge zum Thema »Belgien verstehen« und ziehen damit die Grenzgänger von hüben und drüben an diesen Punkt, der sie einst trennte. »Hier kann man Geschichte erleben«, meint Michael Zobel von KuKuK, der auch Naturführer ist. Er zeigt seinen Gästen die Zyklopensteine im Wald, leitet sie über die mittelalterlichen Hohlwege, durch Schützengräben und Bombentrichter des

Zweiten Weltkriegs, erzählt von den Kaffeeschmugglern (siehe Seite 134). Zobel, in Aachen geboren, lebt seit Jahrzehnten im belgischen Grenzland, kam wie so viele als Student herüber und nistete sich in einem alten Bauernhof ein. »Man lebt hier zusammen«, meint Zobel, »das ist doch längst eine gemischte Bevölkerung.«

Wie soll man das auch trennen? Ich fahre wieder nach Westen, vorbei an einem Haus, das auf belgischem Boden steht. Der Garten jedoch liegt schon in Deutschland. Und als ich in Kelmis ankomme, wird die Sache vollends verwirrend, denn zwischen 1816 und 1919 existierte rund um Kelmis das Territorium »Neutral-Moresnet«. Das Dreiländereck war lange ein Vierländereck. Als Napoleon vertrieben war, konnten sich Niederländer und Preußen nicht auf den Grenzverlauf einigen, wollten doch beide den Zinkspat unter dem Kelmiser Boden abbauen. Da blieb nur Neutralität unter gemeinsamer Verwaltung. Aus dem Kaff Kelmis wurde eine Kleinstadt mit 80 Kneipen und Bordellen, zwei Casinos und einem regen Alkoholschmuggel. So lange, bis die Weltgeschichte diese Episode beendete.

Hinter Kelmis rausche ich hinab ins Tal der Göhl und folge dem Fluss auf schwarzem Mergel. Der einsetzende Regen tränkt die struppigen Wiesen und scheucht die Kühe aneinander. Ich tauche unter dem Göhltalviadukt, einer mehr als tausend Meter langen Eisenbahnbrücke, hindurch nach Moresnet, wo die Bauern in ihren Regenjacken schon französisch sprechen und die Göhl Gueule schreiben – schließlich kreuze ich einen Zipfel der Wallonie. Rechts ab auf einen gelbschlammigen Weg, und ich schlingere auf der ehemaligen Grenze von Neutral-Moresnet entlang, unter tropfenden Schwarzbuchen an graugrünen Felsen vorbei. Rechts gurgelt die Gueule, links donnere ich fast gegen einen alten Grenzstein. Noch einmal bergauf, dann bin ich in Sippenaeken. Liegt noch in Wallonien, klingt aber niederländisch, und die Gueule wird alsbald Geul buchstabiert.

Zeit für einen Kaffee in der Auberge Le Barbeau, vielleicht macht der den Kopf wieder klar. Dort nimmt mich Ivo Loop im Empfang. »Das ist ein ganz schönes Chaos hier«, sagt der Wirt, »aber gerade das ist wundervoll.« Ivo ist das Dreiländereck in Person. Die Niederlande fangen gleich hinter Sippenaeken an – im nahen Dörtchen Mechelen ist er geboren und aufgewachsen. Seit 14 Jahren lebt er in Belgien, hat hier seine Kneipe. Sie trägt einen französischen Namen, aber die Speisekarte ist auf Niederländisch geschrieben. »Meine Gäste wissen oft gar nicht, in welchem Land sie sind«, sagt Ivo Loop. »Sie wissen dann auch nicht, in welcher Sprache sie mit mir reden sollen. Aber das ist egal, denn ich spreche alles.« Für Loop ist diese Gegend das Zentrum Europas. »Wo sonst findet man eine solche Vielfalt?«

Ich mache mich wieder auf den Weg, genieße nach allen Steigungen der letzten beiden Tage die sanften Wellen des lieblichen Flusstals, bewundere seine pilzköpfigen Büsche und die silbrig glänzenden Bäume. Über mir tobt der Himmel grau und dräuend, und unvermittelt erreiche ich Epen. In den Niederlanden. Natürlich ohne dass mir eine Grenze aufgefallen wäre.

Niederlande: Wein aus den höchsten Lagen der Nation
3. Etappe Epen–Simpelfeld–Kerkrade–Aachen

»Berg und Tal«, »Berghof« und »Alpensicht« heißen die Hotels in und um Epen. Für die Niederländer ist diese Gegend, Südlimburg, die höchstgelegene ihres Landes. Deshalb fallen sie in Scharen ein, und so mache ich mich früh davon. Auf einem Höhenzug taucht hinter mannshohem Mais ein Hang mit Weinreben auf. Wein in den Niederlanden? Für Gertje Hahn und Wolfgang Kraus ist das kein Wunder. »Wir profitieren vom warmen Rheingrabenklima«, meint der frühere Pilot, »auf unserem Westhang haben wir den ganzen Tag Sonne. Das reicht dicke.« Gertje ist Niederländerin, Wolfgang Deutscher, die beiden haben sich hier niedergelassen auf 186 Metern Höhe. Frühburgunder, Weißburgunder, Chardonnay – die Weinstöcke für ihren halben Hektar Hang stammen aus Luxemburg. Gertje hat Rosen vor die Reihen gepflanzt und schnippelt überschüssige Trauben weg, Wolfgang keltert in einem Nebengelass. »Wenn wir mal Zeit haben, schauen wir von der Veranda ins Tal«, sagt Gertje, »dieses Land entspannt ungemein.«

Ich spüre, was sie meinen, als ich weiter nordwärts radle. Auf einem Kiesweg rausche ich an der Geul entlang. Schwer hängen Beeren an den Holunderbüschen, Himbeeren leuchten rosa. Bei Gulpen schlägt ein Mann Haselnüsse von den Bäumen. Gut für das Blut seien die, er zehre den ganzen Winter davon. Je weiter ich gen Osten fahre, desto einsamer

Simpelvelds Stolz: Die St.-Remigius-Kirche entstand im 11. Jh. und wurde nach Brand und Verfall 600 Jahre später wieder aufgebaut

wird das Land. Hinter Getreidefeldern, Rüben und Mais rolle ich in Elkenrade ein. Sonnenblumen in verwilderten Gärten, blökende Schafe, 120 Einwohner in Feldsteinhäusern. »Viele polnische Ehefrauen«, grinst ein Mann mit Hund. »Kein Wunder, hier in Elkenrade lernt man ja kaum jemanden kennen.«

Weiter nach Osten, nach Simpelveld. Fauchend schiebt sich eine schwarze Dampflok der Südlimburgischen Dampfeisenbahngesellschaft in den historischen Bahnhof, aus den fast 80 Jahre alten Waggons winken die Fahrgäste. Auf dem Bahnsteig wartet Sigi Lang auf seinen Einsatz im Buffetwagen der ehrenamtlich betriebenen »Miljoenenlijn«. Früher verkehrten Kohlenzüge zwischen Schaesberg und Simpelveld, rollten weiter nach Aachen oder Maastricht. Heute pendeln Touristen zwischen Valkenburg und Kerkrade. »Dampfbahn-Nostalgie ist einfach schön«, sagt Lang. Aber Kohlenschippen, nein, das sei nichts für ihn. Dann schiebt er los, einen Apfelkuchen unterm Arm.

Der Himmel zieht sich zu, ich fahre schneller, schließlich will ich noch nach Kerkrade. Dorthin, wo die niederländische Stadt zusammenstößt mit dem deutschen Herzogenrath – an die Nieuwstraat, die bei den Deutschen Neustraße heißt. Sie sieht ganz normal aus, diese Straße. Nur auf den dritten Blick ist zu erkennen, dass hier eine Staatsgrenze verläuft.

Vor den Wohnhäusern links die gelben Nummernschilder der Niederländer, rechts die weißen der Deutschen. Mai Becholz erinnert sich gut an den mannshohen Drahtzaun, der bis in die fünfziger Jahre mitten auf der Straße stand. »Da haben wir Löcher hineingeschnitten«, sagt der Bergmann, der seit 1952 auf der niederländischen Seite wohnt. Bis vor 17 Jahren trennte dann ein kniehohes Mäuerchen die beiden Seiten. »Wir sind immer drübergesprungen«, lacht Mai, »da konnten die Zöllner pfeifen, wie sie wollten.« Auch bei Fußballspielen zwischen den beiden Nationen sei es hoch hergegangen auf der Nieuwstraat. Und heute? Kerkrade und Herzogenrath sind verschmolzen. Wo einst das Mäuerchen stand, sieht man nicht mehr. Feuerwehr und Notarzt fahren ganz selbstverständlich über die Grenze, und den Menschen auf Wohnungssuche ist ohnehin piepegal, in welchem Land sie sind. »Ich erkenne gar nicht mehr, wer woher kommt«, sagt Mai Becholz, »das ist doch prima.«

Ich kehre der Grenze den Rücken, für die letzten Kilometer südwärts nach Aachen. Im Abendlicht passiere ich ein altes Zollhaus. Bunte Bilder hängen in den Fenstern, im Garten liegt Spielzeug. Aus dem Zollhaus ist ein Kindergarten geworden. Gut möglich, dass die Kinder gar nicht wissen, was eine Grenze ist.

Drei Tage mit dem Rad durchs Grenzland

Belgische Kneipe, Karte auf Holländisch, der Chef spricht auch Deutsch: Ivo Loop in seiner »Auberge Le Barbeau«

Route

Die Ausschilderung der Orte ist etwas chaotisch. Wer falsch abbiegt, muss oft wieder einen Berg hoch. Deshalb Zeitpuffer einbauen!

Unterkunft

Western Ambassador
Modernes Einrichtung, gutes Frühstück. Die Zimmer nach hinten bieten einen schönen Blick auf den Fluss.
(B 5/6) Eupen, Haasstraße 77-81
Tel. 0032 87 740800
www.bestwestern.com *EZ ab 98 €*

Hotel Herberg De Smidse
Hübsch gelegen, Ausblick über die Wiesen der Göhl. Einfache Zimmer, üppiges Frühstück.
(A 3) Epen, Molenweg 9
Tel. 0031 43 4551253
www.smidse.nl *EZ 61 €*

Essen & Trinken

De Wingbergermolen
Rustikal in einer Mühle an der Göhl. Deftiges Essen, große Bierauswahl.
(A 3) Epen, Terpoorterweg 4

Auberge Le Barbeau
Eine Kneipe wie aus dem Bilderbuch. Viel Patina, gute Stimmung. Mit Terrasse und Garten.
(A 4) Sippenaeken, Place
St. Lambert 6-7, www.barbeau.be

Restaurant 5.0
Anspruchsvolle Küche über den Dächern der Stadt. Chices Interieur.
(A 1) Heerlen, Bongerd 18
www.restaurantvijfpuntnul.nl

Sehenswert

KuKuK Kunst und Kultur im Köpfchen
Der Kunstverein im ehemaligen Zollhaus an der deutsch-belgischen Grenze zeigt Ausstellungen und Filme, veranstaltet Konzerte, Lesungen und Wanderungen.
(C 4) Raeren, Aachener Straße 261a
www.kukukandergrenze.org

Göhltalmuseum
Das Heimatmuseum zeigt die Geschichte von Neutral-Moresnet, dem einst von Preußen, Belgien und den Niederlanden gemeinsam verwalteten Bergbaugebiet.
(B 4) Kelmis, Maxstr. 9
*Di, Mi, Fr 8-12, Mi auch 14-16.30
Sa/So 14-18 Uhr*

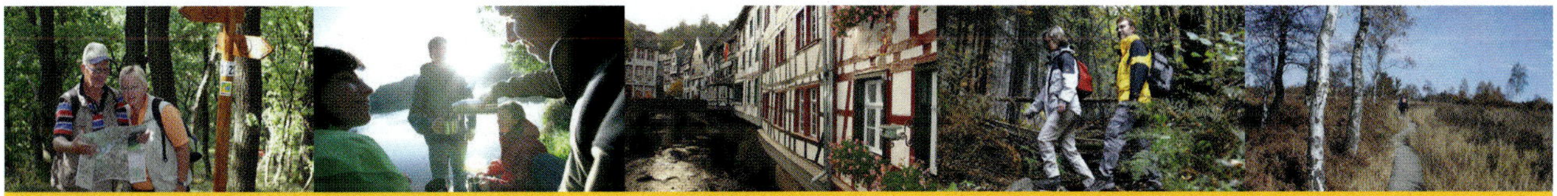

DIE INSPIRATION DES REISENS.
JEDEN MONAT NEU.

**Wählen Sie jetzt Ihr Gratis-Extra und
sichern sich Lesegenuss auf höchstem Niveau**

MERIAN scout THEMENGUIDE

F DER FEINSCHMECKER

Reiseführer für mobile Navigationssysteme

Ausführliche Beschreibungen und Bewertungen zu über 2.000 Hotels und Restaurants.

Zahlreiche Bilder zur schnellen Orientierung

Ab Januar 2010 auch für Becker®

Für TomTom®, Garmin® und NAVIGON®   5

MERIAN scout ThemenGuide
DER FEINSCHMECKER

Ob man ein edles Restaurant für ein Geschäftsessen oder für ein romantisches Dinner in besonderer Atmosphäre sucht, DER FEINSCHMECKER bietet die besten Adressen für einen eleganten Restaurantbesuch. Und wer nicht nur gerne seinen Gaumen verwöhnt, sondern auch in luxuriösem Ambiente übernachten möchte, dem empfiehlt dieser Themen-Guide zudem die passende Unterkunft.
Der Themen-Guide bietet Informationen in Text und Bild für über 2.000 exklusive Restaurants und Hotels in Deutschland, Österreich und der Schweiz, sorgfältig ausgewählt und bewertet von der FEINSCHMECKER-Redaktion.
FÜR TOMTOM, GRAMIN UND NAVIGATOR
Aktions-Nr.: 30073

4 x 10 Euro Wertgutscheine für
DER FEINSCHMECKER GOURMET-SHOP

www.der-feinschmecker-shop.de – die erste Adresse für exklusive Anregungen für Augen und Gaumen. Ob ausgesuchte Delikatessen für den Gourmet, stilische Highlights für Tisch und Tafel oder exklusive Ausstattung für die Küche, DER FEINSCHMECKER GOURMET-SHOP bietet allen Genießern das Besondere. Shoppen Sie nach Lust und Laune im Internet und zahlen mit diesen Wertgutscheinen wie mit barem Geld – alles ganz einfach und sicher.
Aktions-Nr.: 30072

DER FEINSCHMECKER GOURMET-SHOP
WERT-GUTSCHEIN
10,00 €

Bestellen Sie unter www.merian.de/lesen

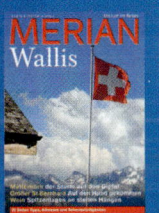

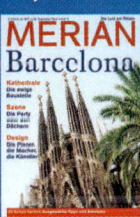

Freie Fahrt in der

1962 Ein Draht-
zaun trennt die nord-
rhein-westfälische Stadt
Herzogenrath vom
niederländischen Kerkrade
(rechts). Seine Pfosten
werden von Grenzpfählen
ergänzt. Eine Straße,
zwei Namen: Neustraße
und Nieuwstraat. Auf
der deutschen Seite sind
kurz zuvor Straßenbahn-
schienen entfernt worden.
Kerkrade lebt zu dieser
Zeit noch vom Steinkohle-
abbau. Der Förderturm
der Zeche »Domaniale mijn«
erhebt sich nahe der
Nieuwstraat. Sie wird von
bescheidenen Häusern
für Grubenarbeiter gesäumt.
Das große dreiteilige
Gebäude in der Bildmitte,
einst ein Hotel, beher-
bergt inzwischen einen Kolo-
nialwarenladen und eine
Kneipe. Das Haus rechts ist
das »Hotel Bosten«

Neustraße!

Wie zwischen Herzogenrath und Kerkrade eine Staatsgrenze unsichtbar wurde

2010 Den Zaun gibt es nicht mehr, ein auswärtiger Besucher würde auf der Neustraße kaum eine Staatsgrenze vermuten. Der Förderturm der Zeche wurde samt Betriebsgebäuden 1969 abgerissen, das Gelände zu einer Grünanlage umgestaltet. Die Mietshäuser erfuhren etwas Fassadenkosmetik. Nur wenig von seinem Charakter verlor das große, in den zwanziger Jahren gebaute Haus. Im mittleren Teil hat sich ein Fahrrad- und Mopedgeschäft niedergelassen, zuvor ging es dort in einer Wirtschaft mit Kegelbahn hoch her. Noch lockt Cleopatra mit einem Schild, aber die Bar ist geschlossen. Das »Hotel Bosten« verschwand teilweise hinter neuen Klinkern. Es ist jetzt ein Wohnhaus

Zwei Nachbarn brachten Europa voran

Mit dem Zaun auf der Neustraße/Nieuwstraat, sollte man meinen, ist nicht Staat zu machen. War aber so. Länger als ein halbes Jahrhundert, wenn auch mit Unterbrechungen, markierte er die Grenze zwischen den Niederlanden und Deutschland. Das hässliche Sperrwerk – die frühe deutsche Zonengrenze lässt grüßen – verhinderte den nachbarschaftlichen Verkehr zwischen den Menschen von Herzogenrath (D) und Kerkrade (NL).

Wie einst im geteilten Berlin gab es hier kein Niemandsland und wahrscheinlich auch nirgendwo sonst eine so dichte städtische Bebauung beiderseits einer Grenze. Es sind bescheidene Wohn- und Geschäftsbauten, entstanden zwischen Anfang des 19. Jahrhunderts und Mitte der zwanziger Jahre, die das Bild der niederländischen Seite bestimmen.

Bis 1969 dominierte ein Förderturm den Blick auf die Straßenflucht. Er gehörte zum Bergwerk Domaniale Mijn. Bereits seit dem 12. Jahrhundert wurde

bei Kerkrade Kohle abgebaut, Menschen aus Südlimburg, dem Aachener und dem Lütticher Raum lebten von dieser Industrie, die seit Ende des 18. Jahrhunderts zum starken wirtschaftlichen Rückgrat der Region wurde.

Die Grenzziehungen des Wiener Kongresses veränderten alles. Seit 1816 trennte die neue preußisch-niederländische Grenze eine Bevölkerung voneinander, die 700 Jahre zusammengelebt und eine gemeinsame Mundart gesprochen hatte. Schmerzliche Alltagsrealität jedoch wurde die Grenze zwischen den uralten Siedlungen Herzogenrath und Kerkrade erst 1915, als das kriegführende deutsche Kaiserreich in der Mitte der Neuen Straße einen zwei Meter hohen Drahtzaun errichten ließ, um Soldaten am Desertieren in die neutralen Niederlande zu hindern.

Der Zaun überdauerte mehrere Generationen. Nach dem Zweiten Weltkrieg wurde die Nieuwstraat zum Spielplatz minderjähriger Schmuggler. Unter hin- und herfliegenden Bällen

befanden sich mit Kaffeebohnen prall gefüllte Socken, die auf der deutschen Seite landeten. Ein Schmugglertunnel kam 1950 ans Tageslicht, weil er, falsch berechnet, nicht in einem Keller, sondern unterm Bürgersteig endete.

1957, Deutschland und die Niederlande waren frisch in der EWG vereint, gab es einen zaghaften Rückbau: Der Zaun wurde auf 1,20 Meter Höhe reduziert. 1968 verschwand er gar, doch an seiner Stelle wurde ein 35 Zentimeter hohes Mittellinien-Mäuerchen durch die Neustraße gezogen. Wer drübersprang und erwischt wurde, hatte ein Bußgeld in Höhe von 20 Mark zu erlegen. Doch nicht wegen solcher Kuriosiäten geriet die Grenzstraße in die Schlagzeilen, sondern mit einem Drama der deutschen Terroristenzeit: Im Herbst 1978 erschossen die RAF-Mitglieder Rolf Heißler und Adelheid Schulz zwei niederländische Zollbeamte auf der Nieuwstraat.

Das Mäuerchen verschwand ab 1993 – fünf Jahre nachdem Niederländer und Deutsche nachdrücklich gegen die Grenze demonstriert, zwei Jahre nachdem beide Gemeinden den Beschluss zu einer grenzüberschreitenden Zusammenarbeit gefasst hatten. 1998 entstand daraus die deutsch-niederländische Modellgemeinde Eurode.

Herzogenrath und Kerkrade sind zusammengewachsen. Deutsche wohnen auf der niederländischen, Niederländer auf der deutschen Seite. Man kauft mal hüben, mal drüben ein, gehört diesem oder jenem Sportverein an, die Feuerwehren üben gemeinsam. Die Polizei beider Länder hat eine Wache im EBC, dem Eurode Business Center, das an der Neustraße auf dem Grund und Boden beider Länder errichtet wurde. Kaffeeküche in den Niederlanden, Toiletten in Deutschland. Wer zuerst am Unfall- oder Tatort ist, ermittelt, egal auf welcher Seite. Zu hoffen ist, dass das EBC länger auf der Neustraße/Nieuwstraat stehen wird als der traurige Drahtzaun des 20. Jahrhunderts. *Tibor M. Ridegh*

1954, noch war der Zaun zwei Meter hoch: An einem Sonntagmorgen bewegte sich ein Festzug anlässlich einer Goldenen Hochzeit auf der Nieuwstraat zur Kerkrader Kirche, aber die vorausmarschierende Musikkapelle blieb still. Das niederländische Gesetz verbot Umzüge mit Musik vor 12 Uhr. Doch dem Jubelpaar konnte geholfen werden: Ganz zufällig hatte sich auf der deutschen Seite die »Harmonie Herzogenrath 1880« formiert, marschierte mit und spielte die Begleitmusik. Was wieder einmal beweist: Musik kennt keine Grenzen

Jenseits der
Himmelsleiter

Still ruht der Obersee bei
Einruhr, doch zuweilen
leistet ein Elektroboot den
Schwänen Gesellschaft.
Und der Obersee-Randweg ist
ein idyllischer Wanderpfad

Kurvig führt die Straße mit dem paradiesischen Namen in die Höhen der **EIFEL**. In wilde Wälder, herbe Hochmoore und verschrobene Dörfer

TEXT **BERTRAM JOB**

Fotos Dennis Williamson

Diese Gegend brauchte nie um uns zu werben. Sie musste nicht die faszinierendste oder die schönste sein, **SIE WAR DIE EINZIGE**. Und daran hat sich bis heute nicht viel geändert.

Wer zwischen Aachen, Mönchengladbach und Köln aufwächst, ist ja von drei Seiten durch Kultur- und Nutzlandschaften eingezwängt – platte Gegenden mit Pappeln, Rübenäckern und Autobahnkreuzen, die sich um das klaffendste Braunkohleloch der Welt entfalten. Einen Ausweg weist einzig der Süden, wo nach knapp einer Autostunde die Rohfassung einer kaum domestizierten Landschaft beginnt. Das Unverfälschte, das Unbeugsame und manchmal auch das Unheimliche, kurz: die Eifel.

Wenn wir etwas erfahren wollten, was uns aus dem Alltag hinausschleudert, war dies also die exklusive Option. Wir tankten unsere Kreidler oder den ersten gebrauchten Käfer voll und suchten uns irgendein Ziel, das wir manchmal sogar erreichten. Wichtiger als die vielen alten Burgen und Dörfer, Talsperren und Maare war damals das berauschende Gefühl, unterwegs

in einer anderen Welt zu sein. Zusammen mit den Kumpels, lieber noch mit einer Susi oder Moni, die sich in den heftigeren Kurven an uns drückte.

Denn die Straßen sind hier öfter so wild wie die Gegend, in verlockend kühnen Schwüngen fräsen sie sich durch Schieferberge und vulkanisches Gestein. Das erhöht den Reiz für Mutwillige beträchtlich: endlich ein paar Chancen, den Hals zu riskieren. Doch bei Fehlern kennt dieser herbe Kosmos, in dem man noch in Frühlingsnächten erfrieren kann, kein Pardon. So erzählen die Holzkreuze an den Haarnadelkurven von einer unheiligen Liaison: Es geht nicht immer glimpflich aus, wenn Hasardeure auf Sonntagsfahrer prallen. Heute bin ich manchmal selbst einer der Flaneure auf vier Rädern, hinter denen sich junge Motorradfahrer stauen. Jedes Frühjahr, wenn nur noch schmutzige Schneereste an den Hügelkuppen kle-

ben, schwirren sie wieder mit großem Getöse aus – wie brummende Schwärme, die aus einem langen Winterschlaf erwacht sind. Und ich hänge mich an sie ran, so gut es eben geht, denn für überreizte Städter aus den Tiefebenen gibt es keinen besseren Fluchtpunkt als diesen.

Es ist ein Aufstieg, der ganz allmählich geschieht. Wenige Kilometer hinter Kornelimünster etwa steigt die B 258 Richtung Süden in mehreren schwungvollen Etappen zur »Himmelsleiter« an, wie man hier sagt. Was gerade noch völlig flach war, faltet sich jetzt auf zwei-, dreihundert Höhenmeter auf, bewachsen von dichten Fichtenwäldern. In hingeduckten Orten werden Ferienwohnungen und belgische Fritten angeboten, und spätestens hinter Roetgen fühlt man sich schon entrückt: Jenseits dieser Plateaus scheint die übrige Welt völlig ausgeblendet.

Die Burg Monschau wacht über 300 denkmalgeschützte Häuser in der hübschen verwinkelten Eifelstadt

Hier, an der Grenze zu Belgien, liegt das nasskalte Vennland, das auch Monschauer Heckenland heißt und in die Rureifel führt. Die haushohen Buchenhecken, die Häuser und Höfe vor Schneewehen und dem Lärm der Pendler schützen, sind sein Markenzeichen. Sein unangefochtener Star aber ist Monschau. Eingekeilt zwischen die Steilhänge der rauschenden Rur, hat sich zu Füßen einer Burgruine ein barocker Ortskern erhalten, der mit seinen Schieferwänden und Fachwerkhäusern eine Armada von internationalen Tagestouristen anzieht.

Dieses Ensemble ist das Werk protestantischer Flüchtlinge, die in den Jahren vor dem Dreißigjährigen Krieg aus Aachen vertrieben wurden. Sie und ihre Nachfahren machten Montjoie, wie Monschau noch bis 1918 hieß, zur Hochburg einer in ganz Europa gefragten Tuchindustrie. Bis heute steht der Schmitzenhof dort am Fluss, wo der Fabrikant Arnold Schmitz im 17. Jahrhundert das erste Wolle-Imperium begründete. Noch imposanter hält, wo der Laufenbach in die Rur mündet, das 1768 vollendete »Rote Haus« hof. Diesen Wohn- und Geschäftssitz ließ Johann Heinrich Scheibler errichten, dessen »Fabrique« etwa 4000 Menschen ernährte. Die Gewinne steckte er in stilvolles Rokoko-Interieur.

Statiker können rätseln, warum die sich frei über drei Geschosse schwingende Eichenholztreppe in dem Doppelhaus entgegen jeder Wahrscheinlichkeit nicht einstürzt. Die Besucher aber sind in erster Linie von den aufwendigen Bildkartuschen am Geländer entzückt, die auch Arbeitsschritte der Weberei darstellen. So trägt das von einer Stiftung getragene Anwesen zu dem historischen Parcours bei, der von einer 150-jährigen »Caffee-Rösterei« bis zu der intakten Senfmühle (s. S. 121) reicht.

Es ist das Altbackene, Hutzelige und Verschrobene, das die Besucher in diese Breiten lockt. Man kann sich zum Beispiel auch über die B 56 und Düren in den Süden aufmachen, so wie wir damals, um gleich hinter Frangenheim nach Nideggen abzubiegen. Der ganze Ort scheint an dem massiven

Der Rursee, zweitgrößter Stausee Deutschlands und Top-Attraktion der Eifel

Sockel zu kleben, auf dem die gut erhaltenen Reste einer mächtigen Burgbefestigung prangen. Und beinahe jedes Haus rund um den historischen Markt ist aus dem von Lavaspuren geprägten, rostroten Natursandstein der Gegend gebaut.

»Eijentlich sin mer aber noch VOREIFEL«, sagt die ergraute Bedienung,

die im Café am Markt eine Tasse Ochsenschwanzsuppe kredenzt. Nicht anders kenne ich das: Immer grenzen sich die Einwohner vom Nächstliegenden ab und bestehen darauf, eher aus dem nördlicheren Teil ihrer Bezirks bzw. aus dem unteren Teil ihres Kaffs zu sein. Was auch heißt, dass sie über alles andere nichts sagen können – eijentlich.

Die Rureifel fängt so richtig erst dort an, wo eine kleine Bahnlinie aus Düren an ihr Ende kommt. Luftkurort Heimbach: Niedrige Häuser ducken sich an der abfallenden Hauptstaße an schmale Bürgersteige, bis sich im Zentrum ein grünes Flußtal entfaltet, überragt von der restaurierten Burg Hengebach. Von hier aus ist gut aufbrechen für Wanderer, Mountainbiker und Kanuten. Fast versteckt das Jugendstil-Wasserkraftwerk von 1905, umfunktioniert der alte Bahnhof: Er ist jetzt eines

von fünf Info-Toren, die mit moderner Technik und Didaktik in den Nationalpark Eifel führen.

Auf 110 Quadratkilometern erstreckt sich das weitläufige Schutzgebiet, in dem sich naturnahe Eichen- und Buchenmischwälder sowie offenes Grasland ohne menschliche Eingriffe entwickeln sollen – belebt von Bibern und Schwarzstörchen, Schwarzen und Roten Milanen, Eisvögeln, Wildkatzen und tausend seltenen Pflanzenarten. Die Touren mit mehrsprachigen Guides und Rangern, die mit ihren Hüten an kanadische Wildnis erinnern, führen durch den dichten, ausgedehnten Kermeter-Hochwald oder über die luftige Dreiborner Höhe. Und locken immer mehr Besucher an: Über 200 000 finden sich übers Jahr allein an den Nationalpark-Toren ein.

Da unten in Rurberg aber, wo Urft und Rur zu einem weitläufigen, mehrfach gestauten Großsee zusammenfließen, murren zwei belgische Brüder über die neue Zeit. Schon seit 40 Jahren kommen die beiden Flamen zum Rurstausee, wo man im Sommer baden und mit dem Boot fahren kann – Rursee, Obersee, Urftsee. Aber längst nicht mehr zum Angeln, wie sie mit anklagendem Unterton versichern: Seit sich die Reiher im Nationalpark so stark vermehrten, hätten menschliche Fischer kaum noch Erfolgschancen.

Wir fanden Angeln immer langweilig in jenen Tagen, wo alles möglichst rasant sein sollte. Und die »Forelle Müllerin«, die es an jeder Ecke gibt, war natürlich was für Spießer. Jetzt aber lasse ich mich von der Stille, die

Reich an Heide und Nässe: Hochmoor im Naturpark Hohes Venn

sich mit Saisonende über die Eifeler Seenplatte legt, gern verwöhnen. Der Fisch und das Gulasch von hier erlegten Wildschweinen schmecken genau genommen am besten, wenn die Ufer wieder unter einer hellen Eisschicht liegen und die tiefe Sonne durch den Rauhreif blinkt – auch wenn dann zwei von drei Hotels und Pensionen zwischen Schwammenauel und Einruhr geschlossen sind.

Unterhalb der Stauseen kommt allerdings nur wenig, was zu längerer Einkehr zwingt – abgesehen von dem allzeit rausgeputzten Bad Münstereifel im Osten. Das stille Gemünd: ein kleiner Kneipp-Kurort, wo es noch einige Spuren von Eisenverhüttung gibt und einen Wanderpfad auf den uralten Wegen der Köhler. Das artige, aber leider etwas ausdrucksarme Kall: Mini-Knotenpunkt an der römischen Trinkwasserleitung nach Köln sowie Ausgangspunkt zum montanhistorischen Pingenwanderpfad. Oder das einstige Bergbaustädtchen Mechernich, auf dessen Gebiet sechs Burgen

liegen; oder Schleiden mit seinem alles überragenden Schloss.

Nahe Schleiden wäre man als Wanderer schon auf der fünften Etappe des schönen, landschaftlich abwechslungsreichen Eifelsteigs, der von Kornelimünster 313 Kilometer weit bis nach Trier führt. Es sind weniger die einzelnen Orte, die den Reiz ausmachen, als vielmehr die Summe ihrer Sehenswürdigkeiten. So kann der Durchreisende die Kaffeepausen mit der steten Abfolge der Talsperren und Burgbefestigungen, Schlösser und Abteien synchronisieren: Reifferscheid, Kronenburg, Hellenthal, Maria Frieden. Eine durchgehende Idylle aber ist das nicht. Was tagsüber beim Vorbeifahren schön entrückt aussieht, kann an düsteren Abenden einfach nur vergessen wirken. Dann liegen Dörfer, Weiher und Höfe wie Treibgut auf den Höhen, und die einzige Regung kommt vom oft erbarmungslosen Wind.

Das Ärmliche und das Unheimliche vertragen sich in diesen Winkeln gut, schon aus Tradition. Hier kann man

sich mühelos all die Morde vorstellen, die sich in der Südeifel gleich mehrere Krimiautoren ausdenken. Aber auch jene unblutigen, etwas melancholischen Geschichten, die der zeitgenössische Romancier Norbert Scheuer verfasst. In seinen Romanen und Erzählungen sind die Ureinwohner eher verschrobene Überlebende als strahlende Gewinner – gerissene Fliegenfischer, zum Beispiel, und doch nicht recht für das bürgerliche Glück gemacht. Da zeigt sich die Gegend in ihrer literarischen Spiegelung als Rückzugsgebiet: So mancher, der hier gründelt, möchte sich dem Mainstream eher entziehen.

Solche haben wir damals auch getroffen, wenn wir aus dem behüteten Norden einfielen. Und sie werden gottlob bis heute nicht weniger, je weiter man in Richtung Schnee-Eifel und Rheinland-Pfalz nach Süden vordringt – Blankenheim, Gerolstein und die vulkanischen Dauner Maare. Aber das ist schon wieder eine andere Gegend, über die wir jetzt nichts sagen können – eijentlich. ▪

AUTOREN UND FOTOGRAFEN

STEFAN AUST

ist Publizist in Hamburg. Der begeisterte Reiter und Pferdezüchter erklärte sich sofort und gern bereit, über das internationale Pferdesportturnier in Aachen einen Beitrag für MERIAN zu schreiben.

SILKE NIEWENHUIS

Die Fernsehredakteurin des WDR in Aachen ist überzeugte und engagierte Bewohnerin des Frankenberger Viertels. Die schönsten Häuser dort hat sie in einem Buch beschrieben (s. S.137).

PETRA THORBRIETZ

Die Wissenschaftsjournalistin, Buchautorin und Filmemacherin war in ihrem Element, als sie an der RWTH recherchierte. Ihr Anliegen: »Wissenschaft auf den Boden der Tatsachen stellen«.

BERTRAM JOB

schreibt in Magazinen und Zeitungen viel über Fußball und Boxen. Da war die Landpartie in die Eifel nicht nur Abwechslung, sondern auch Erinnerung. Job kennt die Eifel seit Jugendtagen.

THOMAS SCHWEIGERT, Fotograf aus Berlin, fand ein Stück seiner Stadt im Frankenberger Viertel wieder. Ihn reizte etwas für den Hauptstädter Seltenes: Überschaubarkeit

BILDNACHWEIS

Titel: Klaus Bossemeyer; S.3 lo Michael Meyer, r K. Bossemeyer/2010 The Andy Warhol Foundation for the Visual Arts,Inc./Artists Rights Society (ARS), New York; S.4-5 Jörg Stanzick, S.4 m TomasRiehle/arturimages, S.4u, 5u K. Bossemeyer, 5 m Thomas Schweigert; S.6 lo Franz-Josef Wirtz, ro Bernd Stuhlmann, ru Graben/ WAZ FotoPool, S.8 lo T. Schweigert, ro dpa/picture-alliance, u Stephan Fengler (3), S.10 o T. Schweigert, u Heike Eisenmenger; S.12-26 T. Schweigert, S.17 Andreas Herrmann; S.32-39 T. Schweigert, S.40 Jens Boldt; S.42-51 K. Bossemeyer; S.53, 54 T. Schweigert, S.55 Giorgio Albertini, S. 56 K. Bossemeyer; S.58-59, 61, 62 Thomas Ernsting/Agentur Bilderberg, S.60, 63, 64 o T. Schweigert, S.64 ru Markus Selders; S.68-74 Stadtarchäologie Aachen; S.76 Dennis Williamson/VG Bild-Kunst, Bonn 2010, S.78-79 K. Bossemeyer, S.80 D. Williamson/2010 The Andy Warhol Foundation for the Visual Arts, Inc./Artists Rights Society (ARS),New York, S.81 Andreas Herrmann; S.82-85 T. Schweigert; S.86 T. Schweigert; S.88, 92 Stephan Fengler, S.89, 90 T. Schweigert; S.94-101 D. Williamson; S. 104, 106 Archiv Triangel Verlag; S.105 D. Williamson; S.108-109 D. Williamson, S.110-111 Naturpark Nordeifel (2); S.112 Bildagentur Huber; S.114 picture-alliance, T. Schweigert, Heike Henig, Marianne Müller; S.115, 116 T. Schweigert; S.117, 120, 122 D. Williamson; S.124 Gudrun Petersen; S. 134 Archiv Triangel Verlag; S.136 Andreas Herrmann; S.138 Walter Schmitz (3)

IMPRESSUM

Heft 5/2010, Mai, Erstverkaufstag dieser Ausgabe ist der 29. 4. 2010
MERIAN erscheint monatlich in der Jahreszeiten Verlag GmbH, Poßmoorweg 2,
22301 Hamburg Tel. 040 2717-0 **Anschrift der Redaktion** Postfach 601728,
22217 Hamburg Tel. 040 2717-2600, Fax 040 2717-2628, E-Mail: redaktion@merian.de
Leser- und Aboservice Postfach 601220, 22212 Hamburg
Tel. 040 87937540, Fax 040 2717-2079 **Syndication** www.jalag-syndication.de
GourmetPictureGuide Stefanie Lüken, Tel. 040 2717-2002
Fax 040 2717-2089, www.gourmetpictureguide.de **Internet** www.merian.de

Herausgeber Manfred Bissinger
Chefredakteur Andreas Hallaschka
Stellvertretender Chefredakteur Hansjörg Falz
Art Directorin Sabine Lehmann **Chef vom Dienst** Tibor M. Ridegh, Jasmin Wolf (stellv. CvD)
Textchefin Kathrin Sander **Redakteure** Charlotte von Saurma; Roland Benn, Julia Braune, Thorsten
Kolle, Jonas Morgenthaler (freie Mitarbeit) **Schlussredaktion** Tibor M. Ridegh
Layout Dorothee Schweizer (stellv. Art Directorin), Cornelia Böhling, Ingrid Koltermann (Schlussgrafik)
Bildredaktion Katharina Oesten, Eva M. Ohms **Redakteur dieses Heftes** Tibor M. Ridegh
Bildredakteurin dieses Heftes Katharina Oesten **Dokumentation** Jasmin Wolf;
freie Mitarbeit: Inken Baberg, Stefanie Plarre, Sebastian Schulin **Kartographie** Peter Münch
Mitarbeit Helmut Golinger, Corinna Henrich, Anabella Brandao
Herstellung Karin Harder **Redaktionsassistenz** Sabine Birnbach, Beate Röhl (freie Mitarbeit)
Geschäftsführung Joachim Herbst, Dr. Jan Pierre Klage, Peter Rensmann, Hermann Schmidt
Verlagsleitung Premium Magazine Oliver Voß
Group Head Anzeigen Premium Magazine Roberto Sprengel
Anzeigenleitung Sabine Rethmeier **Anzeigenstruktur** Patricia Hoffnauer
Marketing Kenny Machaczek, Justus Hertle, Sonja Wünkhaus
Vertrieb PSG PREMIUM SALES Germany GmbH, Poßmoorweg 2-6, 22301 Hamburg
Vertriebsleitung Jörg-Michael Westerkamp (Zeitschriftenhandel), Joachim Rau (Buchhandel)
Verantwortlich für den redaktionellen Inhalt Andreas Hallaschka
Verantwortlich für Anzeigen Roberto Sprengel

Verlagsbüros Inland
Hamburg Tel. 040 2717-2595, Fax 040 2717-2520, E-Mail: vb-hamburg@jalag.de
Hannover/Berlin Tel. 0511 856142-0, Fax 0511 856142-19, E-Mail: vb-hannover@jalag.de
Düsseldorf Tel. 0211 90190-0, Fax 0211 90190-19, E-Mail: vb-duesseldorf@jalag.de
Frankfurt Tel. 069 970611-0, Fax 069 970611-44, E-Mail: vb-frankfurt@jalag.de
Stuttgart Tel. 0711 96666-520, Fax 0711 96666-22, E-Mail: vb-stuttgart@jalag.de
München Tel. 089 997389-30, Fax 089 997389-44, E-Mail: vb-muenchen@jalag.de

Repräsentanzen Ausland
Belgien/Frankreich Adnative sarl, Tel. +33 1 53648890 91, Fax +33 1 45002581
E-mail: paris@adnative.net <mailto:imc@international.fr> **Großbritannien** Publicitas Ltd,
Tel. +44 20 75928300, Fax 7592 8301, E-Mail: jeremy.butchers@publicitas.com
Österreich Publimedia Internationale Verlagsvertretungen GmbH, Tel. +43 1 2115342,
Fax 212 16 02, E-Mail: andrea.kuefstein@publicitas.com **Schweiz** Publicitas International AG,
Tel. +41 61 275 46-09, Fax 2754730, E-Mail: basel-international-magazines@publicitas.com
Italien Media & Service International Srl, Tel. +39 02 48006193, Fax +3902 48193274,
E-Mail: info@it-mediaservice.com **Spanien** Alcalá Media International Media Representations,
Tel. +34 91 3269106, Fax +34 91 3269107, E-Mail: m.vandereb@alcalamedia.com
Dänemark über Verlagsbüro Hamburg **Niederlande** über Verlagsbüro Düsseldorf
Luxemburg über Verlagsbüro Frankfurt

Die Premium Magazin Gruppe im JAHRESZEITEN VERLAG

Gültige Anzeigenpreisliste: Nr. 1
Das vorliegende Heft Mai 2010 ist die 5. Nummer des 63. Jahrgangs.
Diese Zeitschrift und die einzelnen Beiträge und Abbildungen sind urheberrechtlich geschützt.
Jede Verwertung außerhalb der engen Grenzen des Urheberrechtsgesetzes bedarf
der Zustimmung des Verlages. Keine Haftung für unverlangt eingesandte Manuskripte und Fotos.
Preis im Abonnement im Inland monatlich 6,79 € inklusive Zustellung frei Haus.
Der Bezugspreis enthält 7% Mehrwertsteuer.
Auslandspreise auf Nachfrage. Postgirokonto Hamburg 132 58 42 01 (BLZ 200 100 20)
Commerzbank AG, Hamburg, Konto-Nr. 611657800 (BLZ 200 400 00)
Führen in Lesemappen nur mit Genehmigung des Verlages. Printed in Germany

Weitere Titel im Jahreszeitenverlag
FÜR SIE, PETRA, VITAL, PRINZ, Architektur & Wohnen, COUNTRY, DER FEINSCHMECKER
WEIN GOURMET, SCHÖNER REISEN, ZUHAUSE WOHNEN, SELBER MACHEN
Litho Alphabeta Druckformdienst GmbH, Hamburg.
Druck und Verarbeitung heckel GmbH, Nürnberg,
ISBN: 978-3-8342-1005-0, ISSN 0026-0029 MERIAN (USPS No. 011-458) is published monthly.
The subscription price for the USA is $ 110 per annum.
K.O.P.: German Language Publications, Inc., 153 South Dean Street, Englewood NJ 07631.
Periodicals postage is paid at Englewood NJ 07631, and at additional mailing offices.
Postmaster: send address changes to:
MERIAN, German Language Publications, Inc. 153 South Dean Street, Englewood NJ 07631.

Ein Unternehmen der
GANSKE VERLAGSGRUPPE

MERIAN kompass

Foto: Thomas Schweigert

WAS TUN IN AACHEN?

Feudales
Schmuckstück:
der Weiße Saal
im Rathaus

MERIAN | **DAS BESTE ZUERST**

Europas gefühlte Mitte

**Beim Karlsbrunnen auf dem Markt
schlagen die Herzen von Stadt und Region**

Ein Kaiser als Marktherr: Karl der Große vor dem Rathaus

Wenn es was zu feiern gibt, zieht es die Aachener und ihre Gäste vor das Rathaus: Triumphe der Alemannia, Silvester- und Semesterfeten, Public Viewing, Konzerte, Fettdonnerstage, an denen sich jecke Weiber in karnevalistische Ekstase schunkeln, bevor sie das Rathaus stürmen. Und immer mittendrin der bronzene Karl, den Blick auf Haus Löwenstein gerichtet. Das ist fast so alt wie das Rathaus, dem der Kaiser den Rücken kehrt – was ihn ausgerechnet an »seinem« Fest zum scheinbar Unbeteiligten macht, wenn nämlich hinter ihm der Karlspreis verliehen wird.

Wer das befremdlich findet, vergisst, dass es sich beim Freiluft-Charlemagne um eine Kopie handelt. Das Original genießt seit 1969 im Rathaus Personenschutz vor Scherzbolden, die den Zwilling draußen je nach Anlass zu verkleiden pflegen. Gegossen wurde das Original 1620 in Dinant. Das liegt heute in Belgien – Karl ist also auch in Bronze ein echter Europäer, multinational wie die Marktleute und ihre Kunden, wie die Besucher der Freiluft-

Cafés, die, hier passt das Wort besonders, den Platz bevölkern. Gerade einmal zehn Kilometer vom Dreiländereck entfernt, fühlt sich dieses Dreieck nicht nur bei den Karlspreis-Festivitäten an wie die Mitte des Kontinents. Auf der Suche nach dem wahren geographischen Mittelpunkt der Europäischen Union landete man übrigens 250 Kilometer südöstlich, in Gelnhausen. Gemeinsamkeit mit Aachen: Auch dort gab es eine Kaiserpfalz.

Altes Kurhaus

(L 4) Inmitten von Nachkriegsarchitektur, zwischen Kaufhaus und Busbahnhof, kündet der 1782-86 als »Neue Redoute« errichtete Bau von spätbarocker Bade- und Spielkultur. Gekurt oder gezockt wird hier längst nicht mehr, dafür verleiht das Haus heute Bällen, Konzerten und Lesungen stilvollen Rahmen.

Büchel

(K/L 4) Hier befanden sich die meisten historischen Bäder, auch Karls Therme wird in unmittelbarer Nähe des Büchel vermutet. Gespeist wurden sie u.a. von der Kaiserquelle (beim Haus Nr. 22/24, nicht zu besichtigen). An der Ecke Nikolausstraße erinnert der Bahkauv-Brunnen an das »Bachkalb«, ein Ungeheuer, das sich gern auf den Schultern von Trunkenbolden niederlässt.

Burg Frankenberg

(N 6) Sie geht nicht, wie die Legende sagt, auf Karl den Großen zurück, errichtet wurde sie wohl im 13. Jh. Nach Umbauten im 19. Jh. diente die Burg zu Wohnzwecken, 1897-1911 lebte hier der Flugzeugbauer Hugo Junkers. Seit 1961 beherbergt sie das Museum für Stadtgeschichte.

Burtscheid

(M/N 7) Der aus einer 997 gegründeten Benediktinerabtei hervorgegangene Ort gehört seit 1897 zu Aachen und hat wie die Schwesterstadt eine lange Badetradition. In Burtscheid sind die Quellen heißer (bis 74°C), dadurch auch geruchsneutraler. An der Kurbrunnenstraße konzentriert sich heute der Kurbetrieb. Auf einer Anhöhe südlich des Kurgartens stehen zwei sehenswerte Barockkirchen: St. Johann Baptist (1735-54) und St. Michael (1748-51) wurden nach den Plänen von Johann Joseph Couven errichtet.

Dom

(K 4/5) Kern des Doms ist das Oktogon, das um 793 als Marienkirche Karls des Großen entstand. Vorbild war u. a. die frühbyzantinische Kirche San Vitale in Ravenna aus dem 6. Jh., die ebenfalls einen achteckigen Grundriss aufweist – die Form galt als idealer Kompromiss zwischen (irdischem) Quadrat und (himmlischem) Kreis. Im Emporengeschoss des 16-eckigen Umgangs steht der Thron der auf die Zeit Karls zurückgeht, von der 31 m hohen Kuppel hängt der 1165 von Friedrich I. Barbarossa gestiftete Radleuchter.

1355 begann der Anbau des Chors, der 1414 geweiht wurde. Hier befinden sich der 1215 fertiggestellte Schrein mit den Gebeinen Karls sowie der Marienschrein (um 1220-38). Besondere Beachtung verdienen die Heinrichskanzel (um 1002-1010) und die Pala d'oro (frühes 11. Jh.), die Goldtafel vor dem Hauptaltar. In der Domschatzkammer glänzen die Karlsbüste (um 1349) und das Lotharkreuz (Ende 10. Jh.). Mehr zu Dom und Schatz ab S. 42

Elisabethhalle

(K 5) Hinter einer unscheinbaren Fassade verbirgt sich eines der schönsten Jugendstilbäder Deutschlands. Es wurde 1908-11 erbaut und verfügt über zwei Schwimmhallen. Seit der aufwendigen Renovierung 2004 erstrahlt es wieder in altem Glanz. Elisabethstr. 10 *So. geschl.*

Elisenbrunnen

(L 5) Hier trinkt das Auge mit: 1822-27 entstand die klassizistische Kuranlage unter der Mitwirkung von Karl Friedrich Schinkel. Namenspatronin Elisabeth von Bayern, Gemahlin des preußischen Königs Friedrich Wilhelm IV. und »Sisis« Patentante, dürfte beim Kosten des Wassers ihr Näschen gerümpft haben. Damals wie heute erinnerte das Odeur der Kaiserquelle an faule Eier. Der Elisengarten hinter dem Bau erwies sich als Fundgrube für Archäologen (s. S. 68).

Fischmarkt

(K 5) Das »Fischpüddelchen« erinnert an die Zeit, als hier noch Fische verkauft wurden. 1911 aufgestellt, sorgte der nackte Bronzeknabe für handfeste Skandale. Er wurde mehrmals entführt und schließlich eingeschmolzen. Die heutige Skulptur ist eine

Stilvoller kann man nicht baden gehen: die Elisabethhalle

Nachbildung aus dem Jahr 1954. Nur noch die Fassade blieb vom Grashaus, dem 1267 errichteten ersten Aachener Rathaus. Über den drei Fenstern befindet sich die Kurfürstengalerie, im Erdgeschoss lag früher das Gefängnis. Hinter gotischen Mauern: das Stadtarchiv.

Großes Haus

(K 4) Um 1495 entstand das Gebäude aus Ziegel- und Aachener Blaustein. Im Lauf der Jahrhunderte diente es u.a. als Lagerhaus, Pferdestall, Stadtwaage, Zollamt, Polizeistation und Gefängnis. 1931 wurde im Großen Haus das Inter-

nationale Zeitungsmuseum eingerichtet (s. S. 121).
Pontstr. 13
Neueröffnung Herbst 2011

Hof

(K 4) Neben der Kaiserquelle am Büchel dürften die benachbarten Quirinusquellen die karolingische Therme gespeist haben. Im Haus Nr. 7 befand sich einst das Quirinusbad. Die Arkaden davor sind Abgüsse von Resten einer römischen Tempelanlage, die man bei Ausgrabungen fand.

Katschhof

(K 4) Der ehemalige Hof der Kaiserpfalz verdankt seinen Namen dem Pranger (»Kax«), der im Mittelalter hier stand. An der Stelle des Verwaltungsgebäudes befand sich damals die Tuchhalle. Hier wird bis 2012/13 das »Centre Charlemagne« entstehen, die zentrale Anlaufstelle der »Route Charlemagne« (s. auch S. 136).

Kornelimünster

(D 4) Der 10 km südöstlich des Zentrums gelegene Stadtteil geht auf ein 814 gegründetes Benediktinerkloster zurück, das dank bedeutender Reliquien zum Wallfahrtsort wurde. Die ehemalige Abtei- und heutige Pfarrkirche stammt im Wesentlichen aus dem 14.–16. Jh. Mit seinem malerischen Ortsbild ist Kornelimünster ein beliebtes Ausflugsziel. Hier beginnt der Eifelsteig, ein 313 km langer Fernwanderweg.

Langer Turm

(H 4) Um 1300 am höchsten Punkt des äußeren Stadtmau-

errings errichtet, diente der Turm als doppelseitiger Ausguck: nach draußen, um Feinde zu erspähen, nach drinnen, um Feuer zu orten. Heute haben Studenten den Überblick, im Gemäuer befindet sich ein Wohnheim.

Lousberg

(H-K 1/2) Der Aachener Hausberg soll Teufelswerk sein. Eigentlich wollte der Gehörnte die Stadt mit Sand zuschütten, doch eine listige Bauersfrau ließ ihn seine Fracht schon im Norden abladen. Am Ende der Kupferstraße greift ein Denkmal die Sage auf. Vom Drehrestaurant des

ehemaligen Wasserturms hat man einen schönen Blick über Stadt und Umland.

Marschiertor

(L 6) Das trutzige Gemäuer aus dem 13. Jh. ist Hauptquartier der Stadtgarde »Öcher Penn«, des ältesten Karnevalsvereins Aachens. Den Namen der Garde erklärt ein Denkmal vor dem Tor: Ein Stadtsoldat schnitzt »Penn«, Holznägel, die zum Besohlen verwendet wurden.

Münsterplatz

(K 5) Dass hier einige Häuser Dachterrassen haben, hängt mit der Heiligtumsfahrt zusam-

men: Alle sieben Jahre wurden die Aachener Reliquien von der Domgalerie präsentiert (heute zeigt man sie nicht mehr von dort), und bei den Anwohnern saß man, gegen Eintritt, in der allerersten Reihe. Auf dem Platz erinnert der Vinzenzbrunnen (1846/47) an vier Heilige, darunter an den Iren Foillan, dem die Kirche (ursprüngl. 15. Jh.) östlich des Doms geweiht ist. Hier ist besonders eine »Schöne Madonna« (1411) sehenswert.

Ponttor

(J 3) Die Doppeltoranlage entstand im 13. Jh. als Teil

MERIAN | IM DETAIL

Seit römischen Zeiten verlaufen die Straßen der Aachener Innenstadt, der Topographie folgend, in Südost- bzw. Nordost-Richtung. In dieses »schräge« Gitter setzten die Karolinger ihre Pfalz. Die strikte Ost-Ausrichtung der Pfalzkapelle bedingte die »gerade« Lage auch der übrigen Gebäude. Daraus resultieren die Dreiecksplätze. Schönstes Beispiel ist der Markt. Das Bad Karls des Großen hingegen orientierte sich an den römischen Thermen.

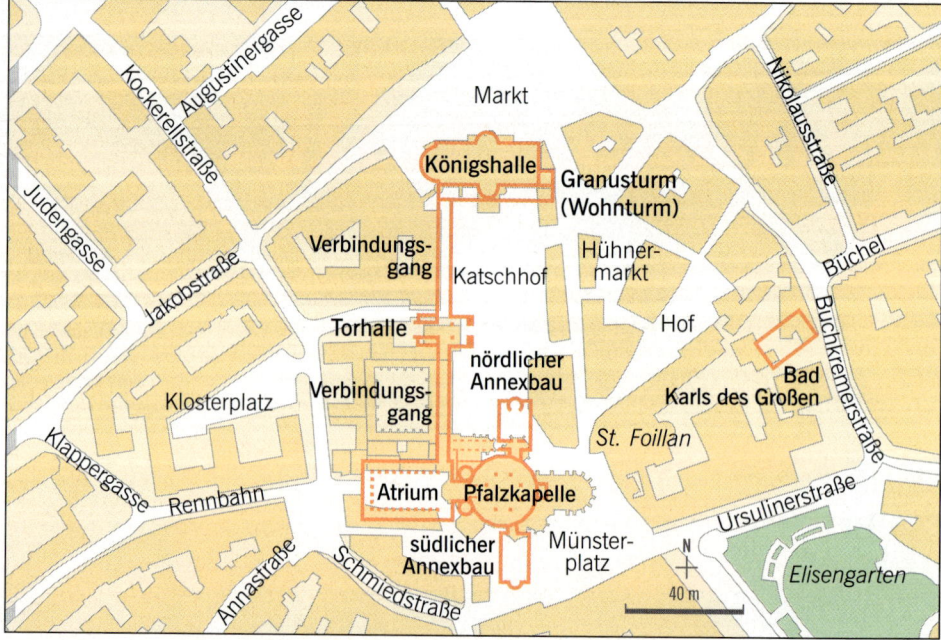

des äußeren Mauerrings und schützte Aachen vor Angriffen aus dem Nordwesten. Um 1900 restauriert, beherbergte das Tor zeitweilig stadtgeschichtliche Sammlungen. Heute dient es Pfadfindern als Treffpunkt.

Puppenbrunnen

(K 4) Der Bildhauer Bonifatius Stirnberg schuf den Brunnen an der Krämerstraße. Clou des 1975 aufgestellten Kunstwerks sind die beweglichen Figuren, die den Spieltrieb der Passanten herausfordern und die verschiedensten Aspekte der Stadt verkörpern: die Marktfrau den Handel, der Prälat die Kirche, der Professor die Lehre. Natürlich dürfen auch Karnevalsmasken und ein Reiter nicht fehlen.

Rathaus

(K 4) Ende des 13. Jh. war die karolingische Königshalle ein halbes Jahrtausend alt und zu marode für Repräsentationszwecke. Ein Neubau sollte die Stadtverwaltung aufnehmen und den Krönungsmählern einen würdigen Rahmen verleihen. Dabei bezog man die alten Fundamente ein, ebenso einen Großteil des Granusturms. Als Karl IV. 1349 gekrönt wurde, war das Rathaus im Wesentlichen vollendet. Nach dem Stadtbrand von 1656 barockisiert, besann man sich im 19. Jh. wieder auf die gotischen Ursprunge, vor allem beim Fassadenschmuck. Ein herrliches Stück Spätbarock blieb im Innern: der Weiße Saal, den italienische Stukkateure 1727 ausgestalteten, Aachens kleiner Festsaal. Die allerbeste Stube der Stadt aber ist der Krönungssaal, eine Etage höher (s. auch S. 8).

RWTH-Hauptgebäude

(J 4) 1865 wurde am Templergraben im Beisein des Preußenkönigs Wilhelm der Grundstein zum Polytechnikum gelegt, das fünf Jahre später mit 32 Lehrern und 223 Studenten den Lehrbetrieb aufnahm. Der imposante Bau im Stil der Neo-Renaissance war die Keimzelle der Rheinisch-Westfälischen Technischen Hochschule, einer der renommiertesten und größten Universitäten Deutschlands (s. S. 58).

Sankt Nikolaus

(K 4) Das neben dem Dom einzige Gotteshaus der Innenstadt mit nennenswerter mittelalterlicher Substanz wurde 1327 als Kirche des Franziskanerklosters geweiht. Der Hochaltar besitzt Gemälde aus der Rubens-Schule. Heute dient St. Nikolaus als »Citykirche«, als eine von beiden Konfessionen getragene ökumenische Begegnungsstätte.

Stadtgarten

(L/M 2/3) Im frühen 20. Jh. verlegte man den Badebetrieb aus dem Zentrum an die Monheimsallee. Dort wurden 1916 das Neue Kurhaus und das Hotel Quellenhof eingeweiht. Heute umrahmen die beiden das »Euro-gress« ein Kongresszentrum, im Kurhaus ist die Aachener Spielbank untergebracht. Als Wellness-Oase fungieren seit 2001 die Carolus Thermen. Gespeist werden sie von der 47°C warmen Rosenquelle.

Stadttheater

(L 5) Zeitgleich mit dem Elisenbrun-nen wurde am Kapuzinergraben und nach Entwürfen derselben Architekten, 1822-25 ein veritabler »Musentempel« errichtet. Nach Umbauten blieb der Aachener Bühne nur der klassizistische Säulenportikus. Der »fröhliche Hengst« wiehert seit 1963 vor dem Theater.
Theaterplatz, Tel. 4784244
www.theater-aachen.de

Westfriedhof

(B 3) Der Friedhof an der Vaalser Straße ist sehenswert wegen seiner 1899-1905 erbauten neugotischen Grufthalle, die einzige Anlage dieser Art im Rheinland. In 38 Grüften sind vornehmlich Angehörige Aachener Industriellenfamilien bestattet.

Barocke Pracht in Eupen: Altar und Kanzel von St. Nikolaus

Eupen (B)

(B 5/6) Seit 1984 ist Eupen Regierungssitz der Deutschsprachigen Gemeinschaft Belgiens. Kaufmannshäuser aus dem 18. Jh. prägen das Bild der alten Tuchmacherstadt. Damals wurde St. Nikolaus im Barockstil ausgestattet, den Hochaltar plante Johann Joseph Couven. Im Schokoladenmuseum Jacques (Industriestraße 16) kann man den Chocolatiers über die Schultern schauen.

Eschweiler (D)

(D/E 2/3) In und um Eschweiler gibt es eine Fülle sehenswerter Burgen: Röthgen, Nothberg, Kinzweiler und Haus Kambach. In Langerwehe beeindrucken die Laufenburg aus dem 12. Jh. und Schloss Merode, eine der schönsten Wasserburgen der Region.

Herzogenrath (D)/ Kerkrade (NL)

(B/C 2) 1816 zogen Preußen und Niederlande ihre Grenze genau durch den Ort. Burg Rode (Turm aus dem 11. Jh.) prägt das Zentrum von Herzogenrath ('s-Hertogenrade). Im »Continium Discovery Center Kerkrade« werden wissenschaftliche Phänomene experimentell begreifbar. Kerkrade (Kirchrode) liegt an der 1934 eröffneten »Millionenlinie«. Die 12,5 km lange Trasse kostete wegen der gigantischen Erdbewegungen mehr als 12 Millionen Gulden. Heute befahren Museumsbahnen die Strecke nach Valkenburg.

Kelmis (B)

(B 4) Das Gebiet um den heute belgischen Ort war wegen einer Zinkgrube nach dem Wiener Kongress zwischen Preußen und den Niederlanden umstritten und war 1816-1919 neutrales Territoriums. Das Göhltalmuseum widmet sich der Geschichte von »Neutral-Moresnet«. Nördlich von Kelmis liegt der Wallfahrtsort Moresnet-Chapelle mit einem als Park angelegten Kreuzweg.

Maastricht (NL)

Eine halbe Autostunde von Aachen liegt zwischen Belgien und Deutschland eine der ältesten Städte der Niederlande. Bester Ausgangspunkt für einen Stadtbummel ist der von Cafés gesäumte Vrijthof. Die romanische St.-Servatius-Basilika und der schöne Marktplatz sind von dort nicht weit. Ebenfalls sehenswert, auf der anderen Seite der Maas, sind die Viertel Wyck und Céramique (mit dem Bonnefanten-Kunstmuseum). Maastricht beeindruckt aber nicht nur über der Erde – Touren führen in den Untergrund, in die Kasematten und die Grotten von Sint Pieter.

Monschau (D)

(D 7) Die Altstadt des im Naturpark Hohes Venn – Eifel gelegenen Luftkurorts mit ihren schiefen Fachwerkhäusern hat sich seit 300 Jahren kaum verändert. Von der Zeit als bedeutende Tuchmacherstadt im 18. Jh. zeugt u.a. das »Rote Haus« (1768). Traditionelles Handwerk ist nicht nur auf dem Handwerkermarkt (tgl. 10-18 Uhr) zu sehen: Das Felsenkeller Brauereimuseum lädt zu einem Rundgang ein. Zwei alten Familienbetrieben, der Caffee-Rösterei Wilhelm Maassen und der historischen Senfmühle (s. S. 130), sollte man unbedingt besuchen.

Stolberg (D)

(D 3) Wie aus dem Kalkfelsen gewachsen thront die Stolberger Burg über der Stadt. Ihre Gründung geht auf das 12. Jh. zurück, mittelalterlich ist jedoch nur noch ihr Kern. Im 17./18. Jh. war Stolberg Zentrum der Messingproduktion. Aus dieser Blütezeit sind die historischen Kupferhöfe erhalten. Um Industrie und Wirtschaft, damals wie heute, geht es im Museum Zinkhütter Hof. Die Anlage, ursprünglich als Glashütte errichtet und später für die Zinkindustrie genutzt, dokumentiert u.a. die Verarbeitung des Metalls und führt Originalmaschinen vor.

Vaalserberg (NL)

(B 3/4) Zehn km westlich der Aachener Innenstadt befindet sich der höchste Punkt der Niederlande (322,5 m). Am »Drielandenpunt« stoßen Deutschland, Belgien und die Niederlande zusammen. Wunderschöne Panoramablicke ergeben sich von zwei Aussichtstürmen: vom Wilhelminaturm auf niederländischer und vom Baudouinturm auf belgischer Seite.

MERIAN | **MAUSKLICK**

Auf www.aachen-tour.de kann man virtuell durch die Stadt spazieren, mehr als 5 000 Panorama-Aufnahmen machen's möglich. www.zeitreise.ac bietet u.a. einen audiovisuellen Rundgang zu archäologischen Funden. Was in Aachen läuft, weiß der »Klenkes«. Bei www.klenkes.de gibt's das Stadtmagazin auch als E-Paper zum Download.

Couven-Museum

Johann Joseph Couven (1701-63) und sein Sohn Jakob (1735-1812) waren zwischen Rhein und Maas wegen ihrer bedeutenden Barock- und Rokokobauten berühmt. Das »Haus Monheim«, von Jakob Couven 1786 umgebaut, präsentiert bürgerliche Wohnkultur des 18. und 19. Jh.
(K 4) Hühnermarkt 17
www.couven-museum.de

Domschatzkammer

Dom und Schatz ausführlich ab S. 48.

(K 4) Klostergasse
www.aachendom.de
Öffnungszeiten Jan.-März: Mo 10-13, Di-So 10-17 Uhr. April-Dez.: Mo 10-13 Uhr, Di-So 10-18 Uhr. An Feiertagen geschl. aber Oster- und Pfingstmontag 10-18 Uhr

Internationales Zeitungsmuseum

1931 im »Großen Haus von Aachen« eingerichtet. Es zeigt eine einzigartige Sammlung von etwa 200 000 internationalen Zeitungen aus den letzten 400 Jahren – keine vollständige Chronologie, sondern Ausgaben mit besonderen Nachrichten. Zurzeit im Umbau; im Herbst 2010 soll das Haus als modernes Medienmuseum wiedereröffnen.
(K 4) Pontstr. 13, www.izm.de

Ludwig Forum für Internationale Kunst

Renommierte Sammlung für Kunst der Gegenwart in einer schönen alten Fabrik, s. auch S. 76.
(N 2) Jülicher Straße 97-109
www.ludwigforum.de
Di-Fr 12-18, Do bis 20 Sa u. So 11-18 Uhr

Suermondt-Ludwig-Museum

Das Museum mit mehr als 30 Räumen ist für seine bedeutende mittelalterliche Skulpturensammlung (12. bis 16. Jh.) und seine Schnitzaltäre bekannt. Weitere Schwerpunkte sind Gemälde der Spätgotik, des Barock, der Romantik sowie die niederländische Malerei des 17. Jh. Die klassische Moderne ist u.a. durch Max Beckmann und Otto Dix vertreten.
(M 5) Wilhelmstraße 18
www.suermondt-ludwig-museum.de

Falkenjagd in den Betten der Queen

Der Quellenhof verbindet den Charme der Vergangenheit mit dem Komfort von heute

Tipp zur Entspannung: Wellnessbereich im Quellenhof

Allein die stuckverzierte Lounge von den Ausmaßen einer Bankettshalle, fast sechs Meter hoch: repräsentative Polstergruppen darin, ein schwarzes Piano, an den Wänden dunkle Edelhölzer, gedämpft gelblich illuminiert. Mehr Grand-Hotel-Gefühl kann sich kaum einstellen. Ein Aufenthalt in dem massigen Prachtbau mit der neoklassizistischen Fassade von 1916, voller Eleganz und Weite, ist wie eine Zeitreise ins großbürgerliche Gestern. Die Bar beansprucht sogar, »Flair und Charme der Vergangenheit zurückzuzaubern«. Die Zimmer sind dezent möbliert und gedeckt gestylt, Thai-Seide umspielt die Fenster. Der quellenhöfische Schlaf gerät abgrundtief, was die britische Königin bestätigen könnte: Sie hat den denselben Matratzenlieferanten.

Den Quellenhof buchen auch gern reiche Klinikum-Patienten aus dem Orient. Der Boom begann 1983, als sich Scheich Zayed bin Sultan al-Nahayyan aus Abu Dhabi in dem Krankenhaus mit der Anmutung einer Ölraffinerie die Zähne sanieren ließ. Seine Entourage, angereist fast in Kompaniestärke, nutzte den gediegenen Quellenhof vielfältig: Man telefonierte täglich für 20 000 Mark nach Hause, begehrte nachts um 4 Uhr Original-Bouletten von McD und blies zu Falkenjagden in den Suiten (großflächige Schäden wurden großzügig ersetzt). Der Scheich fühlte sich laut Gästebuch »bestens aufgehoben und umsorgt« und hinterließ fürstlichste Trinkgelder.

Das Fünf-Sterne-Hotel neben dem Spielcasino am alten Stadtpark verfügt u. a. über beste Konferenzeinrichtungen und eine großzügige Wellnessanlage (darunter das neue »Royal Spa« auf 900 qm).

(L 3) Monheimsallee 52, Tel. 91320, www.accorhotels.com
185 Zi., DZ ab 175 € (ohne Frühstück)

AACHEN

Aquis Grana

Modernes lichtes Interieur, Sonnenterrasse auf dem 6. Stock: exklusiver Rundblick auf die Altstadtszenerie.
(K 4) Büchel 32, Tel. 4430
www.hotel-aquisgrana.com
97 Zi., DZ ab 95 €

Art Hotel Superior

Ein Kunsttempel durchaus – wegen der vielen Vernissagen im Foyer und der großflächigen, aber dezenten Bebilderung der Zimmer. Die modernen Räume sind groß-zügig, fast alle mit Küchenzeile. Sauna, Ruhelounge mit Wasserbetten. In grüner Wohngegend neben Reitergehöft (mit Tapas-Kneipe „Vetternwirtschaft") , waldnah, keine 3 km zum Dom.
(N 7) Am Branderhof 101
Tel. 60970
www.art-hotel-superior.de
48 Zi., DZ ab 62 €

Berliner Hof

Fast mit Gleisanschluss. Angenehm untypische Bahnhofsgegend.
(M 6) Bahnhofsstraße 3
Tel. 20875
www.berlinerhof-aachen.de
15 Zi., DZ ab 82 €

Best Western

Eingerichtet nach Feng-Shui-Gesichtspunkten. Japanisches Gourmet-Restaurant, Fleisch vom Kobe-Rind.
(L 4) Peterstr. 71, Tel. 47870
www.regence.bestwestern.de
60 Zi., DZ ab 82 €

Brülls am Dom

Zentral beim Hühnermarkt. Frühstücksraum wie ein Flohmarkt (Kronleuchter, Kitsch & Kunst).
(K 4) Rommelsgasse 2
Tel. 31704
10 Zi., DZ ab 75 €

domicil Residenz Hotel

Denkmalgeschützte Gründerzeitvilla von 1892, 15 Gehminuten vom Dom. Angegraute Fassade, Rezeption winzig, Speiseraum eng. Dennoch ein kleines Paradies: Park mit Kletterrosen, Magnolien, Grillspot, Sitzecken und Teich. Neue zweistöckige Maisonette-Studios, sonst helle Altbauzimmer, individuell

möbliert, teils mit Antiquitäten. Ruhig, höchstens das Vögelgezwitscher stört.
(H 7) Lütticher Straße 27
Tel. 7051200
www.domicilaachen.de
21 Zi., DZ ab 98 €

Drei Könige
Im Schatten des Rathauses. Außen bieder, innen bunt, modern, verspielt, mediterran.
(K 4) Büchel 5, Tel. 48393
www.h3k-aachen.de
13 Zi./App., DZ ab 129 €

Dreiländereck
Kleines renoviertes Haus in großer Ruhe. Idyllisches Bergcafé, Sonnenuntergänge in drei Ländern. Bis City 5 km.
(B 3/4) Dreiländerweg 103
Tel. 889330
www.hotel-dreilaendereck-aachen.de
Zi., Preis: DZ ab 89 €

garni Göbel
Vielgelobte Privatunterkunft auf dem Weg zur Voreifel. Am Stadtrand, 5 km zur City.
(C 4) Trierer Str. 546
Tel. 523244
11 Zi., DZ 63 €

Granus
Nähe zu den Carolus-Thermen, mit günstigen Kombinationsangeboten.
(N 3) Passstraße 2a
Tel. 15 2071
www.hotel-granus.de
12 Zi., DZ ab 69,80 €

Jugendherberge Colynshof
Von wegen Bohnerwachs und Hagebuttentee! Schlicht, modern, tipptopp. Morgens, mittags und abends anständige Büffets. Das „Euregionale Gästehaus" mit idyllischem alten Innenhof und modernem

Tagungsturm liegt halb im Wald auf einer Anhöhe im reichen Südviertel.
(B 4) Maria-Theresia-Allee 260
Tel. 711010
www.aachen.jugendherberge.de *Ab 23,70 € p. P. Auch DZ und EZ; nachts bis 1 Uhr geöffnet.*

REGION

Golfhotel Mergelhof
Moderne Zimmer in altem Bauerngehöft, direkt am Golfplatz mit Panoramablick ins Göhltal.
Rue Terstraeten 254
(B 4) Gemmenich (Belgien)
Tel. 0032 87 789280
www.mergelhof.com
Geöffnet März-Okt., 15 km bis City; 10 Zi., DZ 65 €

Hotel Bilderberg Kasteel Vaalsbroek
Luxus im historischen Ambiente, einzigartiger Service. Das Schloss aus dem 15. Jh. liegt in reizender Hügellandschaft. Wellness Center.
Vaalsbroek 1
(B 3) Vaals (Niederlande)
Tel. 0031 43 308 9308
www.bilderberg.nl
130 Zi., ab 70 € p.P.

Château St. Gerlach
Edelste Herberge der Euregio, 27 km bis Aachen, 10 bis Maastricht.
Joseph Corneli Allée 1
(A 2) Valkenburg
(Niederlande)
Tel. 0031 43 608 8888
www.stgerlach.com
112 Zi., DZ ab 280 €

Für die meisten Häuser gibt es Spezialangebote, oft über Internetagenturen. Weitere Hotels: www.aachen.de

Star ist der Sauerbraten

Schmorfleisch vom Rind mit Printen, eine Aachener Spezialität. Und dazu Fritten nach belgischer Art

Rindfleisch statt Pferd und Fritten statt Knödel

Sehr eigen sind die Aachener, wenn es um die Rheinische Küche geht. Da schwören sie auf ihre lokalen Varianten. Während man unter *Puttes* anderenorts ein Gericht aus geriebenen Kartoffeln versteht, ist die *Öcher Puttes* eine Blutwurst mit Speck, am besten mit Sauerkraut und Wacholderbeeren zu genießen. Natürlich macht sich die Nähe zum Feinschmeckerland Belgien bemerkbar. Das fängt schon an mit den einfachen Genüssen. Kaum irgendwo in Deutschland gibt es so gute Pommes frites wie in Aachen. Vor allem aber sind die Aachener stolz auf ihren Sauerbraten. Manche Köche und Hausfrauen bereitet ihn mit Aachener Kräuterprinten zu. Der Sauerbraten ist auch Star in einem Kultlokal der einfachen regionalen Küche, und das heißt folgerichtig »Sauerbratenpalast«. Eine Speisekarte gibt es nur für den Notfall. Denn alle essen Aachener Sauerbraten. Immer voll, Reservierungen unbekannt, also vertreibt man sich Wartezeiten am engen Tresen beim Vorbier. Resolut platziert Patronin Else ihre Gäste dann wie in einem Gourmet-Tempel. »'n Salätschn oder 'n Kompöttschn dabaaiii?«, fragt die Trägerin des Aachener Mundart-Ordens bei der Bestellung,

»oder lieber ne Porchzioun Routkouhl?« Das Rindfleisch ist in Würzessig-Marinade eingelegt, fast carpaccio-haft dünn geschnitten und schlummert unter einem leicht printigem Soßensee unter einem Berg guter Fritten (8 Euro). Knödel wie einst gehören nicht mehr dazu, und auch kein Pferdefleisch laut Sauerbraten-Originalrezept. »Das«, sagt Else, »war doch nur was für de Zeit nach'm Kriesch.«

(H 6) Sauerbratenpalast, Vaalser Straße 316 *Mi geschl.*

INTERNATIONAL UND MEDITERRAN

Anvers
Türkisches Lokal mit ausladenden Portionen zu einladenden Preisen.
(J/K 4) Kockerellstr. 20
Speisen bis 15 €

Bangkok
Wenig eingedeutschter Thai, Familienbetrieb, Einrichtung mit authentischem Krimskrams. Heftiger Mai Tai.
(L 5) Wirichsbongardstr. 27
Speisen bis 15 €

Bella Italia
Zentral, beliebt und familiär. Nur 30 Plätze.
(J 5) Jakobstr. 21, www. ristorantebella-italia.com
Di-So, 15-25 €

Charlemagne
Hochgelobt mit einem Michelin-Stern im Bruchsteinhaus, etwas außerhalb. In der Innenstadt gibt's den kleinen Ableger.
(C 3) Von-Coels-Straße 199
Petit Charlemagne
(K 5) Hartmannstraße 12
www.restaurant-charlemagne.de
Mi-So, ab 25 €

Grevenstein
Türkisch-international mit lauschigem Biergarten und Kinderspielplatz.
(K 7) Maria-Theresia-Allee 40
www.restaurantgrevenstein.de *15 €*

Karibik
Kreolisch-kolumbianisch. Klein, einfach, sehr preiswert.
(L 3) Sandkaulstraße 5
www.kolumbiens-gute-kueche.de
Di-So, bis 15 €

Kleineidam
Ein Schlauch von Restaurant, riesiger Wintergarten. Von Hummerschaumsüppchen bis Lammhüftsteak unter Printenkruste. Oft ausgebucht.
(J 5) Jakobstraße 94
www.kleineidam-aachen.de
Mi-Mo, 15-25 €

Limeri
Edel-Grieche in einer Gründerzeitvilla. Spezialität: Fisch
(J 2) Ludwigsallee 25
www.limeri.com
Mi-So, 15-25 €

Pippin
Kleines Lokal, kleine Karte – große Küche, unprätenziös.
(J 6) Hubertusstraße 43
www.pippin-aachen.de
15-25 €

Ratskeller
Ehrwürdiges stilvolles Ambiente in alten Gewölben. In

der Küche waltet Spitzenkoch Maurice de Boer.
(K 4) Markt 40
www.ratskeller-aachen.de
tgl. 12-15 und ab 18 Uhr
3-Gänge-Menü ca. 40 €

Sen
Kulinarischer Bogen von japanischem Purismus bis vietnamesischer Opulenz. Bunt, modern.
(L 5) Theaterstraße 27
www.sen3.de *Mo-Sa, um 15 €*

Tapa Loca
Riesige Tapas-Theke im anheimelnd düsteren Gewölbe-Restaurant. Junges Publikum, oft voll.
(K 5) Elisabethstr. 6, www.tapaloca.de
9 Tapas 17,90 €

HAUSMANNSKOST IM ZENTRUM

Degraa
Rustikales Ambiente. Puttes, die typische Aachener Blutwurst, heißt hier »Oecher Kaviar«.
(L 5) Kapuzinergraben 4
www.aachener-brauhaus.de

Zum Postwagen
Verwinkelter Holzbau, wie ans Rathaus geklebt. Besonders gut: Hemmel en Ääd (Himmel & Erde: Stampfkartoffeln und Apfelmus) – klassisch mit gebratenen Puttesscheiben.
(K 4) Krämerstraße 2
www.ratskeller-aachen.de

POMMES FRITES

Café de frites
Kleines belgisches Edelrestaurant (»Pommes & Champagner«) hundert Meter hinter der alten Grenzstation »Köpfchen«. Grandiose Saucen sowie Trüffel- und Kaviarmayonnaise. Im Sommer Biergarten mit Strandkörben. Nebenan befindet sich das Café-Kulturzentrum »Kukuk«.
Aachener Straße 267
(B/C 4) Hauset
www.cafe-de-frites.com

Pommes Culinair
Fabrikware aus Holland, aber die ist gut. Spezialität: »Flip Spezial« – mit Erdnuss-Sauce, Majo & Zwiebeln – schön matschig und alles in der Tüte.
(L 4) Adalbertstraße 54

Frietnesse
Imbiss im Studentenmilieu, laut, chaotisch. Fritten köstlich, 40 Soßen.
(J 3) Pontstraße 107

BELGIEN / NIEDERLANDE

Auberge Le Barbeau
Gemütlich rustikal. Schwerpunkte: mal russisch, orientalisch, limburgisch. Sechs belgische Fassbiere.
Place St. Lambert 6-7
(A 4) Sippenaeken (B)
www.barbeau.be
abends nur Fr-Mo, bis 15 €

Auberge de Moresnet
Viel Garnitur an Interieur und Essen. Geräumige Portionen in feiner Deftigkeit. Spezialität Lammkarree.
Rue du Village 75
(A/B 4) Moresnet (B) *15-25 €*

Café Modern
Nettes Restaurant und Cafe (mit Limburgse Vlaai – pizzagroßen Fladenobstkuchen)l. 20 km von Aachen.
Dorpstraat 7, (A 4) Teuven (B)
www.cafemodern.be

De Leuf
Nächstgelegenes Restaurant (17 km von Aachen) mit 2 Michelin-Sternen.
Dalstraat 2, (A 2) Ubachsberg (NL)
www.deleuf.nl
Di-Sa, Menus 80-125 €

CAFÉS

Cafe Lammerskötter
Edelkonditor im Kurgebiet Burtscheid.
(M 7) Altdorfstraße 3
www.lammerskoetter.de

Café Liège
Grandiose belgische Patisserie, süß und mächtig, in wundervollem Am-

biente. Aachens Nummer 1.
(K 7) Anton-Kurze-Allee 4
www.cafe-liege.de

Café Van den Daele
Klassisches urgemütliches
Touristenziel im Zentrum.
Interieur im Aachen-Lütticher
Barock, eng.
(K 4) Büchel 18
www.van-den-daele.de

Konditorei Middelberg
Klassische Torten in üppigen
Höhen. Hit: Champagner-
Sahne mit Baumkuchenrand.
(K 4) Rethelstraße 6
www.cafe-middelberg.de

EIS-CAFÉS
Del Negro
Eis-Erlebnis mit umwerfen-
den Kreationen. Manchmal
Häufig Menschenschlangen.
(J 5) Jakobstraße 73a
www.eiscafedelnegro.de

Delzepich
Legendär. Riesige Mengen,
ins Hörnchen geschaufelt
statt gekugelt. Rührmaschinen
aus den vierziger Jahren.
(N 6) Bismarckstraße 203

Il Gelato
Hit: Früchte-Joghurt-Eis.
Idealer Stopover eifelwärts im

idyllischen Kornelimünster.
(D 4) Napoleonsberg 136

SZENE, KNEIPEN, BARS

AoxomoxoA
Music Club, Disko. Alles, was
junge Menschen mögen.
(L 5) Reihstraße 15
Mo, Di, Fr, Sa ab 22 Uhr

B-Bar Lounge
Plüschig, orange, jung, orien-
talisch-asiatisch. Cocktails,
Tees, Spicy Chocolade, gute
indische Tapas und Wasser-
pfeifenschwaden.
(K 4) Büchel 14
www.bbar-aachen.de
*So-Do 13-2, Fr u. Sa 13 Uhr,
open end*

Café Kittel
Klassiker der Stundentenszene
seit den sechziger Jahren.
Gemüse-Auflauf und Fassbier
zur Revolutions-Debatte,
danach Milchkaffee zum Flirt.
Biergarten.
(K 4) Pontstraße 39
www.cafekittel.de

Club Voltaire
Nachtlokal zum Abtanzen
und Abschleppen. Hier kellner-
te die junge Ulla Schmidt.
(N 5) Friedrichstraße 9
Di-Sa 24-6 Uhr

Elephant Bar
Kolonialstilbar im Quellenhof-
Hotel. Einheimische treffen
bei preisgekrönten Cocktails
betuchte Gäste.
(L 3) Monheimsallee 52
tgl. 11-0 Uhr

Egmont
Verwinkeltes Jugendstil-Bistro.
100 Wandspiegel, 30 Biere,
Flammkuchen. Schimanski-
Drehort. Mittwochs im März

und Nov.: Café Chantant –
grandiose Senioren-Chansons
aus Lüttich.
(K 4) Pontstraße 3
www.cafe-egmont.de

Jakobshof
Kneipe, Restaurant, oft
Live-Jazz. Angegliedert eine
charmant betagte Halle
für 300 Leute mit Kabarett,
Blues, Chormusik und
Zapfhahn.
(J 6) Stromgasse 31
www.jakobshof.de

Malteserkeller e.V.
Music Live Club seit 1957,
Schwerpunkt Jazz. Insti-
tution »tief im Untergrund
Aachens«. Oft totgesagt,
immer überlebt.
(J 3) Malteserstraße 14
www.malteserkeller.de

Raststätte
Schrill, jung, punkig, eigen.
Musikkonzerte, Poetry Slam,
Lesungen, Kino, Flaschenbier.
»Kultur im weitesten Sinne.«
(M 5) Lothringerstr. 23
www.raststaette.org

Schlüsselloch Steinhart
Mit (Hard-)Rock und Blues
eine Reise ins akustische Gestern. Laut, eng, düster. »Äl-
teste Rock-Kneipe Aachens«.
(K 6) Boxgraben 51
www.schluesselloch-ac.de
tgl. ab 20 Uhr

BIERGÄRTEN
Dumont's
(N 6) Zollernstraße 41
www.dumont-aachen.de

Café Belvedere
Am Drehturm auf dem wald-
reichen Lousberg.
(J 1/2) Belvedereallee 5
www.drehturm-aachen.de

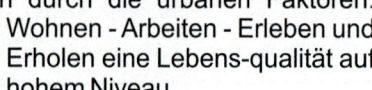

Mal nichts erleben. Sondern alles erlesen.

SONNTAG Es ist der Tag, an dem uns niemand einen „Schönen Tag" wünscht, und wohl auch deshalb der schönste von allen: der Sonntag. Genießen Sie ihn mit einer Zeitung, die für diesen Tag gemacht ist. Vier Exemplare kommen kostenlos zu Ihnen und werden – fast – direkt bis an den Liegestuhl geliefert: Tel. 0800/8 50 80 30.
Gebührenfrei aus dem deutschen Festnetz. Oder einfach unter www.wams.de/lesen

EIN BESONDERER TAG VERDIENT EINE BESONDERE ZEITUNG:

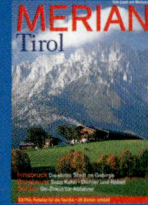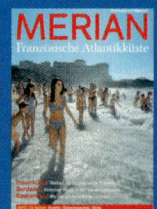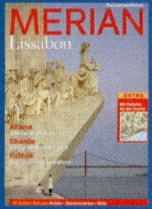
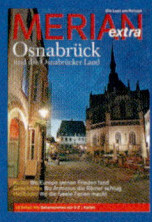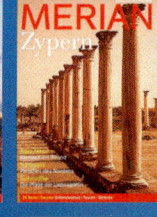
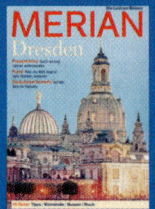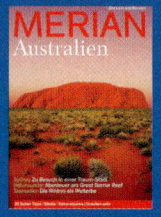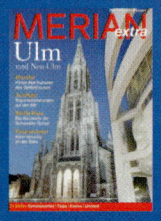
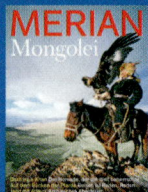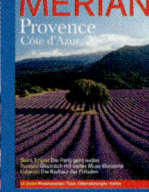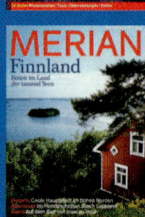
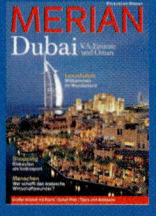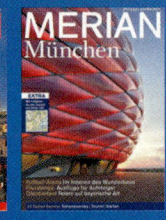
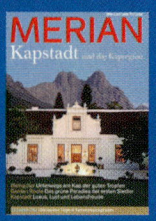
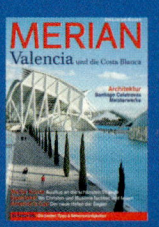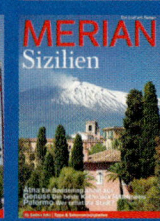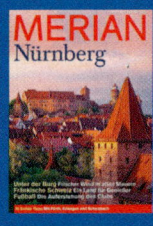
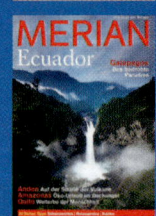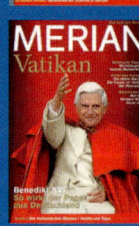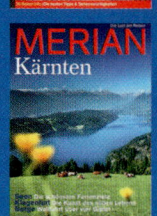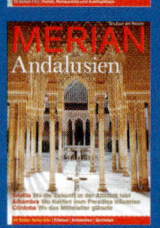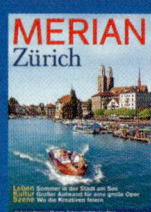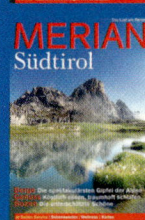

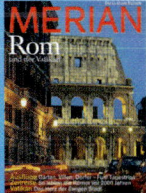

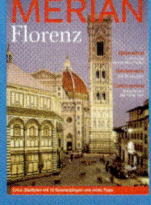

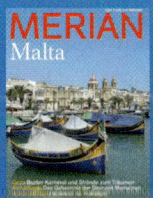

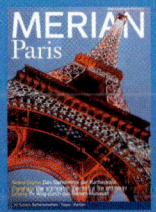

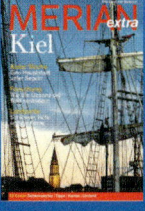
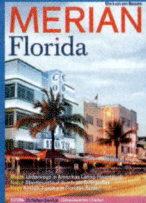
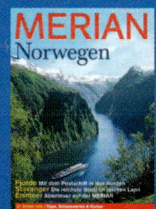

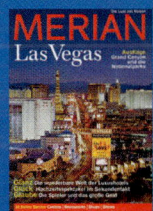
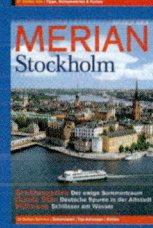

EINKAUFEN

MODE UND ACCESSOIRES

Aixcellent Aachen GmbH

Das »Erlebnis-Kaufhaus« von Tonja Bruckhaus und Karina Radach ist einzigartig. Große und kleine Produzenten, Kunsthandwerker, Künstler, Designer und Spezialitätenanbieter aus Aachen und dem Umland bieten hier hochwertige und ausgefallene Erzeugnisse an. Hier findet man u.a. überraschende Geschenke, gediegenes Design und köstliche Delikatessen. Eine Fundgrube im alten Kaufmannshaus Büchelpalais!
(K 4) Büchel 10
www.aixcellent-aachen.de

Atelier Hutauf

Handgefertigte Hüte und Kopfschmuck von Modistin Sandra Glasmacher-Lausberg. In Kursen können auch Amateure den eigenen Hut designen.
(K 5) Annastraße 23
www.hutauf.de

Kirin Design

Trendige Taschen aus Lkw-Planen, in vielen Formen und mit ausgefallenen Motiven.
(M 5) Wilhelmstraße 85
www.kirin-design.de

van Hout partout

Ausgefallene Möbel und Wohnaccessoires.
(K 4) Hühnermarkt 19
www.van-hout-partout.de

Irmgard Wangerin Accessoires

Hier gibt es modische Accessoires, Taschen und Hüte von namhaften Designern.
(K 4) Körbergasse 6-8
www.irmgard-wangerin.de

Konplott

Schmuck der vielfach ausgezeichneten Designerin Miranda Konstantinidou. Erschwingliche Preise.
(K 4) Krämerstraße 8
www.konplott.de

Korb Bayer

Körbe und Taschen aus Naturprodukten seit 1865.
(K 4) Körbergasse 5
www.korbbayer.de

GENUSS

Lindt-Werksverkauf

Der Besuch des Werksverkaufs ist ein Muss für alle Naschkatzen: Riesige Auswahl der berühmten Lindt-Schokoladen-Spezialitäten frisch aus der Fabrik.
(H 3) Süsterfeldstraße 130
www.lindt.com

Plum's Kaffee

Espresso aus eigener Röstung und alle Arten von Kaffeemaschinen aus Deutschlands ältester Rösterei. Ausgezeichnet vom FEINSCHMECKER.
(H 6) Hammerweg 4
www.plumskaffee.de

Printenbäcker

und Printencafés
auf S. 92

Senfmühle Monschau

Der Monschauer Senf in einer über 100 Jahre alten Mühle hergestellt. 19 Sorten sind im Angebot. Führungen, Restaurant und Weinkeller.
(D 7) Laufenstraße 118 Monschau
www.senfmuehle.de

MERIAN | **RÜCKBLICK**

Mekka des Mokka

Krieg der Schmuggler und Zöllner an der grünen Grenze zwischen Deutschland und Belgien

Erwischt mit Kaffee und Zigaretten. Schmuggelnde Kinder 1951

Die junge Frau nähert sich dem Grenzposten. Der Schlagbaum bleibt unten. Kontrolle. Im Kinderwagen liegt ein Säugling. Sie kommen vom Hebscheider Hof im Niemandsland und müssen täglich an einem deutschen **Kontrollposten** vorbei. So auch heute. Der Beamte fragt: »Haben Sie etwas dabei?« Die junge Frau antwortet: »Das sehen Sie doch: meinen Sohn.« Sie darf passieren. Jetzt sind es noch einige Kilometer durch den Aachener Wald. In der Stadt wird sie schon erwartet. Sie hebt ihr Kind aus dem Wagen, dann den doppelten Boden – und schließlich sechs Pfund **Kaffee, Marke »Mokaturc«**. Vier Mark kostet das Pfund auf belgischer Seite, 18 auf deutscher. Der Hehler zahlt ihr zwar nur acht Mark. Aber das macht immer noch 24 Mark Gewinn. Der halbe Wochenlohn eines Zöllners.

Anfang der fünfziger Jahre wird Deutschland mit geschmuggeltem Kaffee aus Ostbelgien versorgt. Aus dem Zubrot der Aachener ist längst ein lukratives Geschäft organisierter Banden geworden. Autoreifen und präparierte Milchkannen werden mit Kaffeebohnen gefüllt, Militärfahrzeuge als Rotkreuz-Autos getarnt und bis zu 100 Mann starke Trupps zu Fuß über die **bewaldete Grenze** geschickt. Sie beginnt am Stadtrand von Aachen. Es gibt wilde Verfolgungsjagden und gnadenlose Schießereien. Das Zentrum des Schmuggels lag an der »Himmelsleiter« bei Roetgen. Sie führt steil und schnurgerade die Eifel hinauf. Dabei durchschneidet sie belgisches Gebiet. Bis nach Eupen, ins Café Weber, das man vorn betrat und durch den Hinterausgang mit einem Sack Kaffee auf den Schultern wieder verließ, sind es nur 15 Kilometer.

»Ein ganz **heißes Pflaster**«, sagt der 83-jährige Werner Pohl. Als Zollbeamter war er damals an vorderster Front. Die Schmuggler hatten Panzerwagen von der belgischen Armee gekauft, durchbrachen die Grenzzäune, fuhren über Igelketten wie über Zahnbürsten und schmuggelten bis zu 60 Zentner Kaffee pro Fahrt. Der Zoll musste reagieren. Er kaufte **zwei Porsche**. Das Team von Pohl wurde am Nürburgring ausgebildet, mit 150 Sachen ging es auf Schmugglerjagd: »Über Schotterpisten und Kopfsteinpflaster, geteerte Straßen gab es

ZEITLEISTE | 2000 JAHRE GESCHICHTE

		Weihe der Pfalzkapelle. Hier findet Karl neun Jahre später seine letzte Ruhestätte. Danach rückt Aachen allmählich aus dem politischen Zentrum des Reiches		Kaiser Friedrich Barbarossa lässt Karl den Großen heiligsprechen und macht Aachen zur Reichsstadt mit Markt- und Münzrecht			Die erste nachweisbare Aachene »Heiligtumsfahrt« findet statt – den Reliquien sollen sich Winde und Lendentuch Jesu befinden. A ist im Spätmittelalter der bedeu tendste Wallfahrtsort nördlich de
1. Jh.	**765**	**805**	**936**	**1165/66**	**1258**	**1349**	**1550**
Die Römer nutzen die heißen Quellen für zwei große Thermenanlagen	Erste überlieferte Erwähnung Aachens als »Aquis villa«. Ab 794 residiert Karl der Große nahezu dauerhaft in Aachen		Die Bedeutung Aachens wächst wieder, als Otto I. in Aachen zum König gekrönt wird – der Anfang einer 600 Jahre andauernden Tradition als Krönungsstätte (bis 1531 mit Ferdinand I.)		Erster überlieferter Hinweis auf Tuchwalker in Aachen. Die Textilproduktion prägt mehrere Jahrhunderte lang die Wirtschaft		U.a. durch Zuwa discher Tuchmac Protestanten die heit. 1614 wird rekatholisiert, vie

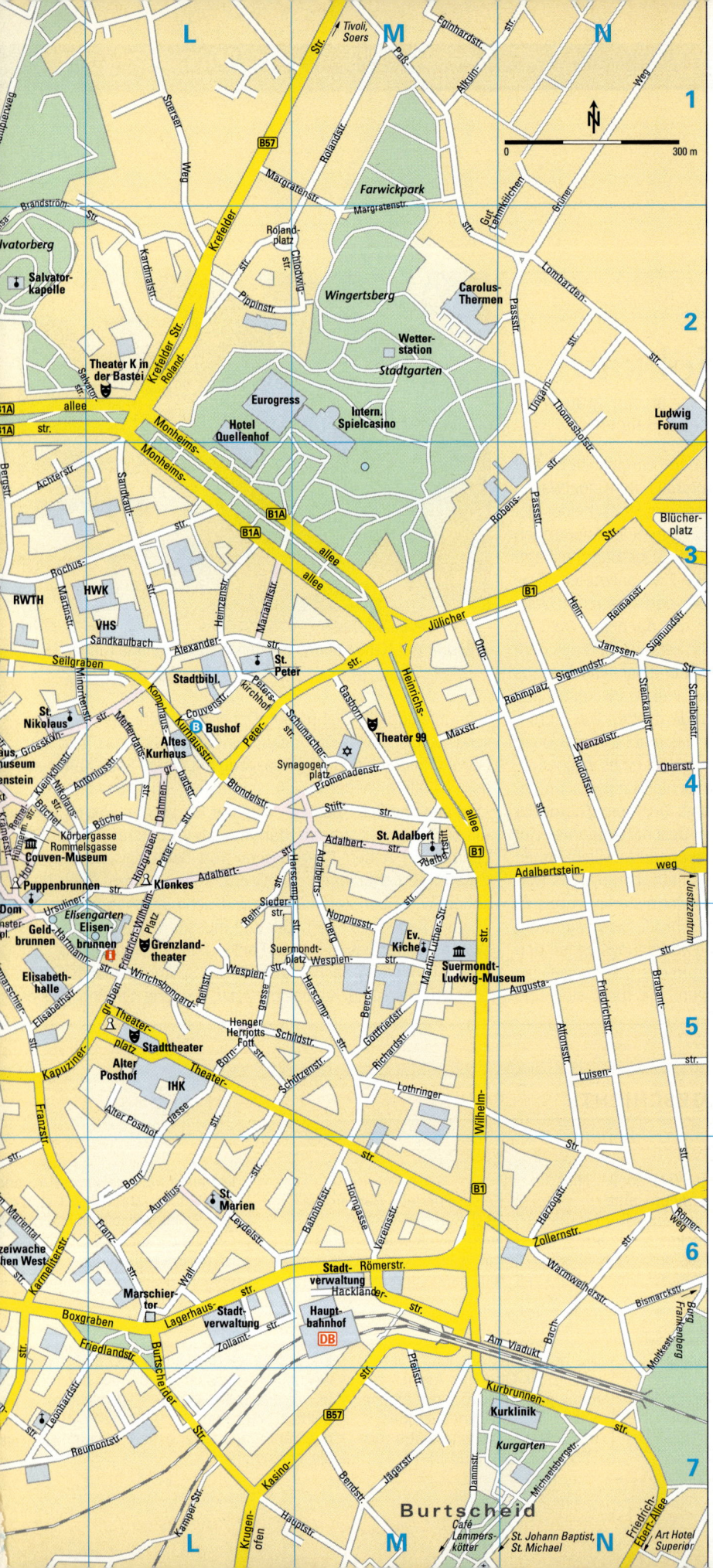

MERIAN-Stadtplan

AACHEN

Sehenswert

▬▬▬	Autobahn
▬▬▬	Autobahnähnliche Straße
▬▬▬	Fernverkehrsstraße
▬▬▬	Hauptstraße
▬▬▬	Nebenstraße
✈	Flughafen
⊕	Flugplatz
♦	Kirche; kloster
✡	Synagoge
⌂	Schloss
🏛	Museum
🎭	Musik, Theater, Kulturzentrum
🚹	Denkmal
🚏	Markt
DB	Bahnhof
ℹ	Information
	Fußgängerzone
	Nationalpark, Naturpark

damals in der Eifel nicht«, erzählt Pohl. Er hat Buch geführt: 458 Verfolgungsfahrten, manchmal bis in die Aachener Innenstadt. Die Porsche-Division hat 36 Tonnen **Schmuggelware** beschlagnahmt. Wert: 810 000 Mark.

Zum Teil kam der im Schweiße der Angst verdiente Mammon auch gottgefälligen Werken zugute. Der Pfarrer von St. Hubertus in der **Eifelgemeinde Schmidt** appellierte offen an die Gebefreude der Grenzgänger. Einige zehntausend Mark kamen dann auch aus dem Kaffeegeschäft – die damit erbaute Kirche trägt bis heute den Spitznamen »St. Mokka«. Derweil leisteten die Strafverfolger Akkordarbeit. Das Gefängnis in Köln wurde spöttisch »Eifler Hof« genannt. Und einmal wurde sogar ein halbes Dorf verhaftet. **Mützenich** ist der letzte Ort vor Belgien. 100 Männer wurden hier 1951 festgenommen – viel mehr wohnten in dem Dorf auch nicht. Gegen 52 wurde Anklage wegen Schmuggels von 1700 Zentnern Kaffee erhoben, fast alle wurden verurteilt. Die Fußballmannschaft des TuS Mützenich stieg ab. Ihr fehlten die Spieler. Der Ortspfarrer hob das »europäische Denken der Leute« hervor. Und der Aachener Domkapitular schrieb, die »maßlose Höhe des Zolles« sei »ein Verstoß gegenüber der christlichen Moral«. Daraufhin begnadigte der Justizminister von Nordrhein-Westfalen die meisten Mützenicher.

Kurz darauf, im August 1953, wurde die Kaffeesteuer gesenkt. Von zehn auf drei Mark pro Kilo. Der Schmuggel lohnte nicht mehr. Die Bilanz der wilden Jahre: geschätzte 1000 Tonnen illegal eingeführter Kaffee, 40 tote Schmuggler, drei tote Zöllner. *Jan Kirsten Biener*

VERANSTALTUNGEN

Januar, letzter Sonntag
Karlsfest
Pontifikalamt, mittelalterliches Treiben anläss. Karls Todestag.

Februar/März
Karneval in der Innenstadt.
Rosenmontagszug
www.aak-aachen.de

Schrittmacher-Festival
Tanzfestival im Ludwig Forum
www.schrittmacherfestival.de

April
Öcher Frühjahrsbend
Große Volkskirmes, Bendplatz.
www.oecherbend-ac.de

Mai, Himmelfahrtstag
Verleihung des Karlspreises
s. S. 8. Das Karlspreis Open Air beginnt am Tag zuvor.
www.karlspreis.de

Juni
Roncallis Historischer Jahrmarkt
Mit dem Flair der vorletzten Jahrhundertwende in Aachen-Kornelimünster.

Juni-August
across the borders

Kulturfestival entlang der »Route Charlemagne« und in der Innenstadt.
www.acrosstheborders.de

Juni/Juli
CHIO Aachen
Weltfest des Pferdesports.
www.chioaachen.de

August
Radrennen »Rund um Dom und Rathaus«
www.zugvogel-aachen.de

August/September
Kurpark Classix
Aachens Klassik-Open-Air-Festival.
www.kurparkclassix.de

AachenSeptemberSpecial
Konzert-Liveprogramm in der Altstadt.
www.aachenseptember special.de

November/Dezember
Weihnachtsmarkt
Rund um Dom und Rathaus. Chöre, Musikapellen, u.a. großes Kinderprogramm.
www.aachenweihnachts markt.de

nter n achen Alpen	Innerhalb weniger Stunden vernichtet ein Groß brand 90 Prozent der Stadt	Ein Aufstand der Arbeiterschaft aus der Tuchindustrie wird von bewaffneten Bürgern und der Gendarmerie niedergeschlagen		Nach dem Ersten Weltkrieg fällt das westliche Hinterland Aachens mit dem Kreis Eupen an Belgien, Aachen selbst steht elf Jahre unter belgischer Besatzung		Aachen wird vom Zweiten schwer getroffen. Im Juli kommt es zum ersten von Luftangriffen. Am Ende ist Hälfte der Stadt, die nur Menschen zählt, vollkomm	
	1656	**1794**	**1830**	**1865**	**ab 1918**	**1930**	**1939-45**	**1950**
derung niederlän- er bilden die Bevölkerungsmehr- Aachen blutig e Einwohner fliehen		Einnahme durch französische Revolutionstruppen. Ab 1801 ist Aachen Verwaltungssitz des französischen Departements Rur. 1815 schlägt der Wiener Kongress Aachen Preußen zu		Grundsteinlegung für die Polytechnische Schule, die heutige Rheinisch-Westfälische Technische Hochschule (RWTH)		Aachen wird nach 1802-25 erneut Bischofssitz		Zum ers wird der nationa der Stad im Krön Rathaus

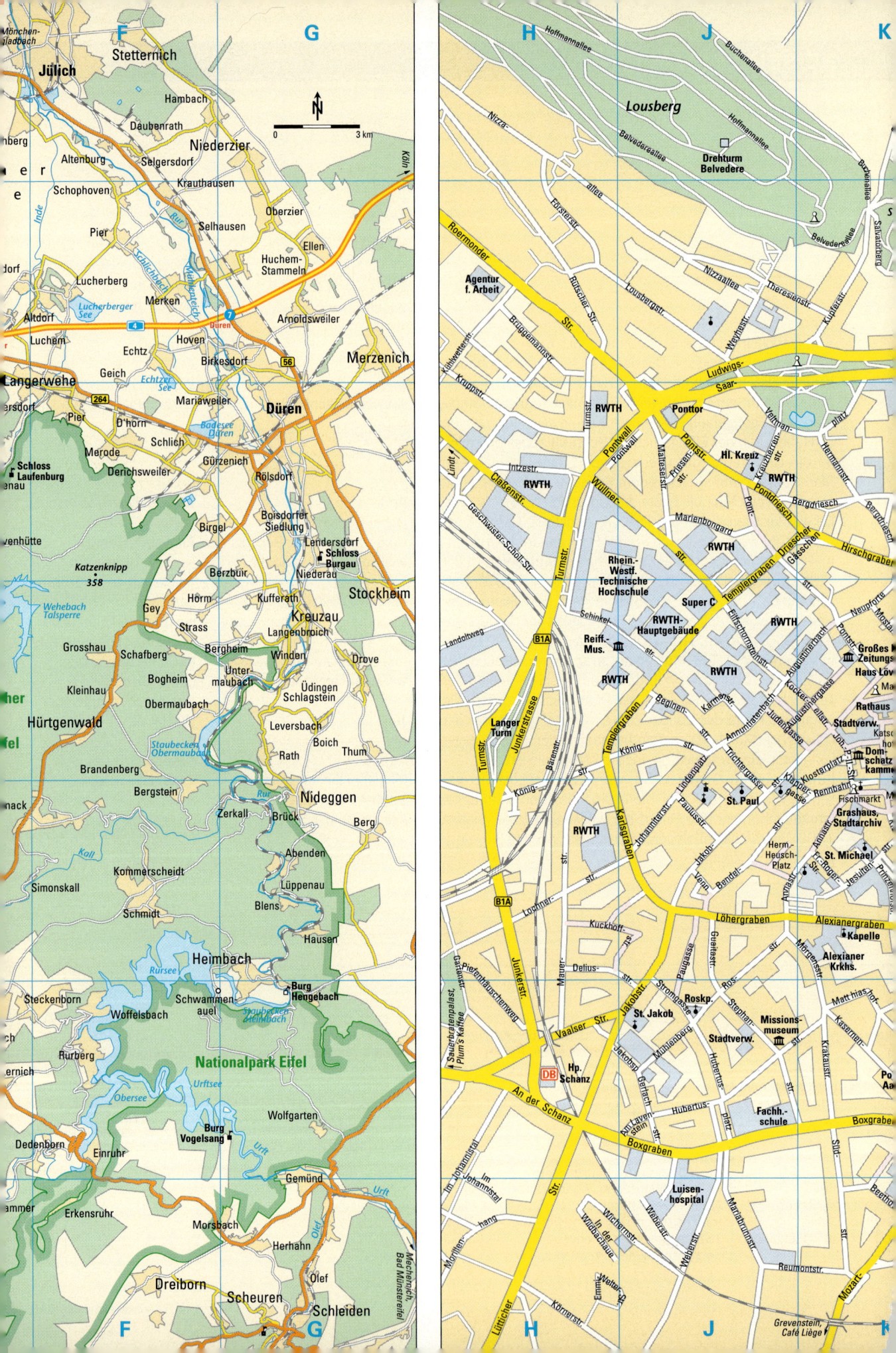

Aachener Weihnachtsmarkt: einer der schönsten Deutschlands

AUSKUNFT

**Tourist Info Elisenbrunnen
(L 5) Friedrich-Wilhelm-Platz
52062 Aachen
Tel. 0241 180 2960/61
www.aachen-tourist.de**
*Mo-Fr 9-18, Sa 9-14 Uhr
Apr.-Dez. auch Sa 9-15 Uhr
So 10-14 Uhr*
Die Touristeninformation gibt u. a. Auskünfte zu Sehenswürdigkeiten, Hotels und anderen Unterkünften (www.aachen-tourist.de/hotels), Gastronomie, Veranstaltungen, Tagungen und Kongressen, informiert über Pauschalangebote z. B. für Wellness-Fans, Kulturinteressierte und Gourmets, den Nahverkehr, macht Tourenvorschläge und hält Prospektmaterial (sehr gut die Broschüre »Aachen auf einen Blick«) bereit.

ZEITLEISTE | 2000 JAHRE GESCHICHTE

Weltkrieg 941 ünf großen fast die och 6000 en zerstört	Die »EuRegionale 2008« ist eine Entwicklungsinitiative im Dreiländereck. Dabei stehen Projekte u.a. für die Nachfolgenutzung der Bergbaugebiete im Mittelpunkt
1974	**2008**
en Mal »Inter- Karlspreis Aachen« ngssaal des s verliehen	Gründung der »Euregio Maas-Rhein«, einer Arbeitsgemeinschaft zwischen der Regio Aachen sowie den niederländischen und belgischen Nachbarn. Gemeinsame Arbeitsbereiche sind u.a. Infrastruktur, Wirtschaft, Tourismus, Umwelt und Kultur

INTERNET

Das sehr übersichtlich aufgebaute Internet-Stadtportal beeinhaltet nahezu alles, was über Aachen wissenswert ist: **www.aachen.de**

MEDIEN

Aachener Zeitung und *Aachener Nachrichten* sind die zwei täglich im Zeitungsverlag Aachen erscheinenden Lokalzeitungen. Über das Geschehen und über Veranstaltungen in Aachen und in der Region informieren auch die mehrmals täglich aktualisierten Online-Ausgaben **www.az-web.de** und **www.an-online.de**

Klenkes ist das Stadtmagazin für Aachen und die Euregio. Es ist bunt und bürgernah und erscheint monatlich. **www.klenkes.de**

ROUTE CHARLEMAGNE

Sie führt »Auf den Spuren Karls des Großen« und auf verschiedenen Strecken durch Aachen, die bedeutende Stationen verbinden und die Geschichte und Zukunft gleichermaßen im Blick haben. Jeder Ort – jeweils ein Bauwerk – steht symbolisch für jeweils einen übergreifenden Aspekt wie Geschichte (Katschhof, Domschatzkammer, Elisengarten), Macht (Rathaus), Wirtschaft (Haus Löwenstein, Couven-Museum), Medien (Großes Haus), Europa (Grashaus), Religion (Dom) und Wissenschaft (Servicezentrum der RWTH). Erste fertiggestellte Station ist seit 2009 das Rathaus mit einer Ausstellung durch nahezu das gesamte Gebäude. Ausgangspunkt aller Themenrouten soll in Zukunft das »Centre Charlemagne« sein. Faszinierend für den Besucher ist die Führung mit den »Aixplorer«, einem neuartigen Audio-Video-Guide, der z. B. im Krönungssaal ein Krönungsmahl des 16.Jahrhunderts akustisch lebendig werden lässt.
Infostelle:
**Haus Löwenstein, Markt 39
www. route-charlemagne.eu**

Aachen. Bilder – Spuren – Hintergründe

Ulrike Schwieren-Höger, Jörn Sackermann, Grenz-Echo Verlag 2005, 208 S., 39,95 € Mit eindrucksvollen Bildern und vielen Infos zu Geschichte und Sehenswertem zeigt der Bildband die Kaiserstadt von ihrer schönsten Seite.

Aachen. Dom- und Stadtführer

Ines Dickmann, Michael Imhof Verlag 2009, 32 S., 4,95 € Informativer Überblick über die kulturhistorisch bedeutenden Denkmäler Aachens, insbesondere den Dom.

Der Aachener Dom

Anne Heermann (Text), Andreas Herrmann (Fotos), Einhard Verlag 2009, 120 S., 19,80 € Großaufnahmen und Detailfotos schaffen einen guten Überblick über den Dom als ein wundervolles Sakralgebäude und geschichtliches Zeugnis. Text auch auf Englisch und Französisch.

Der Aachener Dom

Walter Maas (Text), Pit Siebigs (Fotos), Greven Verlag 2001, 164 S., 32,90 € (Neuauflage geplant) Kunsthistorischer Blick auf das Unesco-Weltkulturerbe. Mit vielen imposanten Fotografien und wissenschaftlich fundierten Infos zu den Kunstwerken in Dom und Schatzkammer.

Bürgerhäuser & Villen in Aachen

 Silke Niewenhuis, Aschenbeck Verlag 2009, 63 S., 12,80 € Ein Führer durch das Frankenberger Viertel, mit besonderem Augenmerk auf architektonische Besonderheiten der Gründerzeit.

Mit dem Fahrrad rund um Aachen

Uwe Ziebold, J. P. Bachem Verlag 2009, 112 S., 14,95 €

12 Radtouren, 21 bis 55 Kilometer lang, führen durchs Dreiländereck. 13 Karten und detaillierte Streckenbeschreibungen mit den jeweiligen Sehenswürdigkeiten.

Sehenswertes in Aachen, der Euregio und Nordeifel

Achim Walder (Hrsg.), Walder Verlag 2008, 248 S., 16,90 € Der Reiseführer verschafft einen guten Überblick über landschaftliche und kulturelle Höhepunkte. 14 Karten mit eingezeichneten Sehenswürdigkeiten.

Aachen/Dreiländereck

ADFC-Regionalkarte 1:75 000, 6,80 €

Wallis

Perfekte Kulisse gefällig?
Beim Fotografen am
Matterhorn posieren Kunden
mit Bernhardinern

Glück am Abgrund: Unterwegs in den Bergdörfern

Kleine, feine Hauptstadt: Café »La Grenette« in Sion

Weltdorf Zermatt Der Sturm auf das Matterhorn **Held am Pass** Die Wahrheit über den Bernhardiner **Cäsar Ritz** Der Hotelkönig vom Bergbauernhof **Wein vom Fels** Spitzenlagen an steilen Hängen **Abenteuer Aletsch** Zu Fuß über den längsten Alpengletscher **Poet mit Problemen** Rilkes letzte Jahre oberhalb von Sierre **Hütte der Zukunft** Hightech im Monte-Rosa-Massiv

Zuletzt erschienen

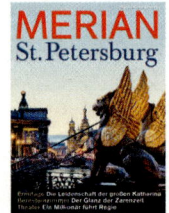

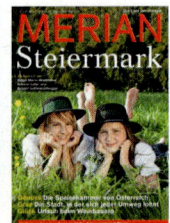
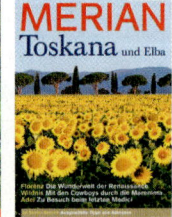